Basics of Labor Standards Act

これだけは知っておきたい

「労働基準法」の基本と常識 改訂新版

「働き方改革」による業務改革など
人を雇うルールを実務的な切り口で解説!

◉36（サブロク）協定の上限時間の見直し
◉正規・非正規に関わらない公正な待遇の確保
◉有休の年５日の時季指定とは？

アップル労務管理事務所 所長
吉田秀子【著】

フォレスト出版

はじめに

本書を手にしていただき、ありがとうございます。

この本は、労働基準法のことを知りたい人のための入門書です。

入門書とはいいながら、一般的な知識を列挙しただけの本ではありません。

「急に労働基準監督署の調査が来ることになったが、どう対応すればいいのか？」

「従業員から未払い残業代の請求を受けないためには、どうすればいいのか？」

「働き方改革で、会社は何をしなければならないのか？」

そんな皆様の実務上の疑問に、ダイレクトに答える1冊、それが本書です。実務で役立つために、難しい法律をできるだけわかりやすい表記で、そして短時間で読んでいただけるように、これ以上は省略できないという情報量で書かせていただきました。この本の内容をご理解いただければ、大きな労務トラブルは防げます。

この本を選んでいただいたことが、皆様の会社の労務問題の解決、防止につながりますことを切に願っております。

社会保険労務士法人　アップル労務管理事務所 所長　吉田秀子

2019年4月施行

「働き方改革」で、何がどう変わる!?

2019年4月から、残業時間や年休取得などに関する「働き方改革関連法」が順次施行されています。

「働き方改革」とは、働く人々が個々の事情に応じた多様で柔軟な働き方を、自分で選択できるようにするための改革です。

具体的には、長時間労働の解消や、年次有給休暇を取得しやすくするなどにより、多様なライフ・ワーク・バランスの実現を目指すとともに、正規社員と非正規社員の間の不合理な待遇格差をなくすための規定の整備を行うものです。

また、その実現のためには事業主だけでなく、働く労働者1人ひとりの意識改革と、業務改革も大切です。会社全体で取り組んでいきましょう。

今回の改革で、いつから、何が、どう変わるかを、左表の一覧にまとめましたのでご参考になさってください。

ポイント① 労働時間法制の見直し

働き方改革　主な内容	施行時期
一定日数の年次有給休暇の確実な取得（P.124 参照） ・使用者は、10 日以上の年次有給休暇が付与される労働者に対し、5 日について、毎年、時季を指定して与えなければならない (労働者の時季指定や計画的付与により取得された年次有給休暇の日数分については指定の必要はない)	中小企業、大企業とも 2019 年 4 月 1 日
フレックスタイム制の拡充（P.76 参照） ・労働時間の調整が可能な期間「清算期間」の上限を、1 ヵ月から 3 ヵ月に延長など	中小企業、大企業とも 2019 年 4 月 1 日
残業時間の上限規制（P.84、86 参照） ・[原則] 時間外労働の上限　　月 45 時間、年 360 時間 ・[例外] 臨時的な特別な事情がある場合 ①年 720 時間以内 ②複数月平均 80 時間以内 (休日労働含む) ③単月 100 時間未満 (休日労働含む) ④月 45 時間を超えることができる月は年間 6 ヵ月以内とする ・医師・建設・運輸等一部の業種等で例外あり	中小企業： 2020 年 4 月 1 日 大企業： 2019 年 4 月 1 日
中小企業における月 60 時間超の時間外労働に対する割増賃金の見直し ・月 60 時間を超える時間外労働に係る割増賃金率（50%以上）	中小企業： 2023 年 4 月 1 日 大企業： 施行済み
勤務間インターバル制度の普及促進 ・事業主は、前日の終業時刻と翌日の始業時刻の間に、一定時間の休息の確保に努めなければならない	中小企業、大企業とも 2019 年 4 月 1 日

ポイント② 雇用形態に関わらない公正な待遇の確保

<table>
<tr><th colspan="2">働き方改革　主な内容</th><th>施行時期</th></tr>
<tr><td rowspan="2">不合理な待遇差を解消するための規定の整備
(P.114参照)</td><td>〈パートタイム労働者、有期労働者〉
同一企業内における正社員と非正社員との不合理な待遇の禁止
・個々の待遇ごとに、当該待遇の性質･目的に照らして適切と認められる事情を考慮して判断されるべき旨を明確化(均衡待遇規定)。
・正規雇用労働者と①職務内容、②職務内容･配置の変更範囲が同一である場合の均等待遇の確保を義務化(均等待遇義務化)</td><td>中小企業：
2021年
4月1日
大企業：
2020年
4月1日</td></tr>
<tr><td>〈派遣労働者〉
・派遣先の労働者との均等･均衡待遇、または一定の要件（同種業務の一般の労働者の平均的な賃金と同等以上の賃金であること等）を満たす労使協定による待遇のいずれかを確保することを義務化など</td><td>中小企業、
大企業とも
2020年
4月1日</td></tr>
<tr><td rowspan="2">労働者に対する待遇に関する説明強化
・非正規社員は、正社員との待遇差の内容や理由などについて事業主に対して説明を求められる</td><td>パートタイム労働者、有期労働者</td><td>中小企業：
2021年
4月1日
大企業：
2020年
4月1日</td></tr>
<tr><td>派遣労働者</td><td>中小企業、
大企業とも
2020年
4月1日</td></tr>
<tr><td colspan="2">そのほか……○高度プロフェッショナル制度(職務の範囲が明確で一定の年収（1075万円以上）を有する労働者が一定の業務に従事したときの制度)の新設、○行政による事業主への助言･指導等や裁判外紛争解決手続(行政ＡＤＲ)の整備など</td><td>中小企業、
大企業とも
2019年
4月1日</td></tr>
</table>

ポイント③ 安全衛生法等

働き方改革　主な内容			施行時期
産業医・産業保健機能の強化、労働時間の把握（労働者数50人以上の事業所は産業医の選任義務あり）（P.185参照） ・時間外労働時間が1ヵ月80時間超の労働者を毎月産業医へ報告／本人に通知する（産業医への報告は該当者がいない場合も必要） ・事業者は産業医に対し産業保健業務を適切に行うために必要な情報を提供しなければならない（産業医の選任義務のある労働者数50人以上の事業所）等 ・事業者は衛生委員会等に対し、産業医が行った労働者の健康管理等に関する勧告の内容等を報告しなければならない ・高度プロフェッショナル制度の対象労働者を除き、厚生労働省令で定める方法により、労働者の労働時間の状況を把握しなければならない ・産業医の業務内容を労働者に周知させる義務がある（周知方法は、作業場への備え付け、書面交付、PCや磁気ディスクによる公開など。就業規則と同様）			中小企業、 大企業とも 2019年 4月1日
医師による面接指導（強制義務）	**一般労働者** （注1）	**時間外労働時間が1ヵ月80時間超＋自ら申し出た労働者**	中小企業、 大企業とも 2019年 4月1日 （P.184参照）
事業主の責務 ・労働者の労働時間の短縮その他の労働条件の改善など、労働者が生活との調和を保ちつつ意欲と能力に応じて就業できる環境の整備に努めなければならない			中小企業、 大企業とも 公布日
労働者の心身の状態に関する情報の取り扱いの整備 ①事業者は、労働者の健康の確保に必要な範囲内で心身の状態に関する情報を収集し、並びに当該収集の目的の範囲内でこれを保管、及び使用しなければならない ②事業者は、労働者の心身の状態に関する情報を適正に管理するために必要な措置を講じなければならない			中小企業、 大企業とも 2019年 4月1日

注1：新たな技術、商品、または役務の研究開発に従事する業務、高度プロフェッショナル制度の対象者については別途規定あり

※なお「じん肺法」の「労働者の心身の状態に関する情報の取り扱いの整備」については、中小企業、大企業とも2019年4月1日より適用。

〔改訂新版〕これだけは知っておきたい「労働基準法」の基本と常識〔目次〕

はじめに……3
〈改訂新版の発行にあたって〉「働き方改革」で、何がどう変わる!?……4

第1章 労働基準法って何？

① 人事関連のルールとは？……24
↓法律で定められているものと、事業主が任意で決められるものがある
② 労働基準法とはどんな法律？……26
↓労働条件の最低基準を定めた法律。これを下回る労働契約は無効
③ 労基法を守らないとどうなる？……28
↓10年以下の懲役または300万円以下の罰金が科されることも
④ 労働基準監督署は何をするところ？……30
↓労基法違反の取り締まりや、労働関係の手続きを管轄する行政機関

第2章 雇うときのルール

① 募集するときの注意点は？ …… 34
↓募集、選考は制限されている事項があるので注意

② 青少年を募集・採用する際の注意点は？ …… 36
↓募集時には固定残業代ほか労働条件などの明示が不可欠

③ 年少者を雇うときの注意点は？ …… 38
↓満18歳未満の人を雇うときは、年齢証明書などが必要

④ 内定と内定取り消しとは？ …… 40
↓内定は簡単に取り消せない。解雇と同程度の厳しい制限がある

⑤ 労働条件通知書とは？ …… 42
↓入社時に労働条件などを書面で明示する必要がある

⑥ 試用期間とは？ …… 46
↓試用期間満了で本採用しない場合は、解雇予告が必要

⑦ パートタイマーを雇い入れたときは？ …… 48
↓非正社員にも労働関連法に沿った雇用ルールが適用される

⑧ 有期労働契約者の雇用契約の更新とは？……50
↓ 雇用契約を繰り返し更新したときは、雇止めの予告が必要
⑨ 労働契約法の有期労働契約のルールとは？……52
↓ 有期雇用契約期間が通算5年を超えたら、無期労働契約へ転換
⑩ 外国人を雇うときは？……54
↓ 外国人の雇入れ時と退職時はハローワークへ届け出る

第3章 労働時間のルール

① 労働時間にカウントされる時間は？……58
↓ 実際に作業している時間だけでなく、手待ち時間も含む
② 法定労働時間、所定労働時間とは？……60
↓ 法律で定められた労働時間と、会社ごとに決める労働時間
③ 法定休日、法定外休日とは？……62
↓ 休日は最低でも週1日、または4週4日以上与えなくてはならない
④ 振替休日、代休のとらせ方は？……64
↓ 振替休日は、事前に労働日と休日を入れ替える

⑤ 休憩時間とは？ …… 66
↓原則、労働時間の途中に、労働者全員に一斉に与える

⑥ 会社に合わせた労働時間制とは？ …… 68
↓会社の実態に合わせた柔軟な働き方で、残業時間を削減する

⑦ 1年単位の変形労働時間制とは？ …… 70
↓1年間のうちで繁閑の差がある業務の、時間外労働を削減する

⑧ 1カ月単位の変形労働時間制とは？ …… 72
↓1カ月のうちで繁閑の差がある業務の、時間外労働を削減する

⑨ 1週間単位の変形労働時間制とは？ …… 74
↓1週間以内の短期間で繁閑の差がある業務で、導入のメリットがある

⑩ フレックスタイム制とは？ …… 76
↓労働者本人が一定の範囲内で出勤、退勤の時間を自由に決められる

⑪ 専門業務型裁量労働制とは？ …… 78
↓19業務に限って認められた、みなし労働時間制度

⑫ 企画業務型裁量労働制とは？ …… 80
↓企画、立案の業務に従事するホワイトカラーの、みなし労働時間制度

⑬ 事業場外みなし労働時間制とは？…… 82
↓ 営業や出張などの社外労働のため、労働時間の把握が難しい場合に適用できる
⑭ 残業させるのに必要な36協定とは？…… 84
↓ 時間外労働をさせるには、36協定を労基署へ届け出る
⑮ 36協定の特別条項とは？…… 86
↓ 特別条項付き協定を結べば、限度時間を超えることが可能

第4章 残業時間、割増賃金のルール

① 割増賃金とは？…… 90
↓ 法定労働時間を超えれば25％以上の割増率だが、法定内は割増なしでOK
② 割増賃金の計算方法は？…… 92
↓ 基本給だけでなく、諸手当も含めて時間単価を計算する
③ 残業手当の必要がない役職者とは？…… 94
↓ 課長や店長でも「名ばかり管理職」は残業手当が必要
④ 固定（定額）残業制とは？…… 96
↓ 残業手当を固定で支給することで、残業の未払いとならない方法

⑤ 年俸制では割増賃金はいらない？……98
↓年俸制でも割増賃金は必要。賞与分が割増賃金の基礎となる賃金になることも

第5章 賃金のルール

① 賃金とは？……102
↓賃金には、支払いのルール（賃金支払い5原則）がある

② 最低賃金とは？……104
↓最低賃金を下回る賃金は無効となり、50万円以下の罰金が科されることも

③ 休業手当とは？……106
↓事業主都合の休業をする場合は、平均賃金の6割を支払う

④ 平均賃金とは？……108
↓3カ月間に支払われた賃金総額を、その期間の総日数で割って算出

⑤ 賞与、退職金は必ず支払わなければならないか？……110
↓労基法では定めがない。事業主の判断で慎重に決定する

⑥ 昇給の定めはどうする？……112
↓労基法では「昇給しなければならない」という定めはない

⑦ 同一労働同一賃金とは？ …… 114
↓正社員と非正規社員の間の不合理な待遇差は禁止

第6章 年次有給休暇、法定休暇のルール

① 年次有給休暇とは？ …… 118
↓雇入れから6ヵ月後、8割以上の出勤で年次有給休暇を付与
② パートタイマー、アルバイトの年次有給休暇とは？ …… 120
↓1週間に1日勤務でも、所定労働日数に応じて付与しなければならない
③ 年次有給休暇の計画付与とは？ …… 122
↓年次有給休暇を業務に支障がないように取得させることができる方法
④ 年次有給休暇の「使用者による時季指定」とは？ …… 124
↓年次有給休暇の年5日の確実な取得の義務に違反すると罰則も
⑤ 退職時に残りの年次有給休暇を請求されたら？ …… 126
↓年次有給休暇を取得させる必要があり、時季変更権も使えない
⑥ 法定休暇、特別休暇とは？ …… 128
↓法定休暇は必ず与える休暇。特別休暇は事業主が独自に定められる休暇

⑦ 休職とは？ …… 130
↓ 法律で決められたものではない。期間や内容は自由に設定できる

⑧ 私傷病休職とは？ …… 132
↓ 休職中の連絡先など、必要事項が記載された休職願をとっておく

第7章 出産、育児、介護で休むルール

① 出産、育児にまつわる制度とは？ …… 136
↓ 制度を利用する労働者には、さまざまな手当や給付がある

② 産前産後休業とは？ …… 138
↓ 産前6週間、産後8週間、多胎の場合は14週間の休み

③ 育児休業とは？ …… 140
↓ 1歳未満の子どもの養育のために、原則1回取得できる

④ 小学校就学前の子どもがいるときは？ …… 142
↓ 短時間勤務制度や、子の看護休暇制度を利用できる

⑤ 介護休業や介護にまつわる諸制度とは？ …… 144
↓ 介護休業は93日、介護休暇は年5日とれる

⑥ 女性活躍推進法とは？……146
↓出産や育児を抱える女性が、活躍できる職場環境を整える

第8章 退職時のルール

① 自己都合退職とは？……150
↓退職届と退職願は、法律的に違いがある

② 退職勧奨による退職とは？……152
↓会社が労働者に退職を促し、本人が合意した上で退職すること

③ 定年退職、高年齢者雇用確保措置とは？……154
↓3つの方法を選択して、原則希望者全員65歳まで雇用しなければならない

④ 定年後の再雇用制度とは？……156
↓平成25年3月以前に有効な労使協定がある場合は経過措置あり

⑤ 懲戒のルールは？……158
↓就業規則などで懲戒の種類、内容を定めておくことが大切

⑥ 普通解雇、懲戒解雇とは？……160
↓解雇が合法と認められる基準は、事業主にとってハードルが高い

⑦ リストラによる整理解雇とは？ …… 162
↓ 4つの要件（要素）を総合的に考えて、解雇の正当性が判断される

⑧ 解雇予告、解雇予告除外認定とは？ …… 164
↓ 労働者をやむなく解雇するときは、30日前の解雇予告が必要

⑨ 退職（解雇理由）証明書とは？ …… 166
↓ 労働者の請求により、退職事由（解雇理由）などを証明するための書類

第9章 労災が起きたときの対応

① 労災とは？ 労災保険とは？ …… 170
↓ 労災には業務災害と通勤災害があり、いずれも労災保険が使える

② 業務災害が起きたら？ …… 172
↓ 休業した最初の3日間は、事業主が平均賃金の6割を支払う

③ 通勤災害が起きたら？ …… 174
↓ 労災認定は通勤途中かどうかで判断。届出の経路でなくてもOK

④ 療養（補償）給付の手続きの仕方は？ …… 176
↓ 労災指定医療機関で受診するか否かで、手続きの流れが違う

⑤休業（補償）給付と休業特別支給金の手続きの仕方は？……178
↓事業主と医師の証明を受けて、所定の請求書を労基署に提出

⑥労働者死傷病報告とは？……180
↓休業の必要がある業務災害の場合に提出する

第10章 労働安全衛生法のポイント

①安全衛生管理体制とは？……184
↓各種管理者の選任、安全衛生委員会の設置、開催など労働災害への対策を行う

②安全衛生教育とは？……188
↓労働災害などを防止するため、労働者に適切な教育を実施する

③ストレスチェックとは？……190
↓労働者のメンタルヘルス不調を予防するための制度

④健康診断とは？……192
↓1年に1回の定期健康診断などを事業主負担で行う

第11章 就業規則、諸規程のルール

① 就業規則とは？ …… 196
↓会社全体の労働条件などのルールを定めたもの

② 就業規則で定めることとは？ …… 198
↓絶対的、相対的記載事項のほかに、任意的記載事項の定めがポイント

③ 正社員就業規則とは？ …… 200
↓就業規則の各種規程の中心となるもの

④ 賃金規程とは？ …… 202
↓基本給や諸手当、給与改定など賃金に関する詳細をまとめて記載する

⑤ パートタイマーなど非正社員就業規則とは？ …… 204
↓正社員とは労働条件が違うので、別規程にしたほうがトラブルを防げる

⑥ 退職金規程とは？ …… 206
↓退職金を支給すると定めた場合は規程を作成する

⑦ 育児・介護休業規程とは？ …… 208
↓育児・介護のための休業、休暇、時間短縮などの規程が必要

第12章　労基署の調査への対応

① 労働基準監督署はどんな調査をする？……212
→申告監督、定期監督、災害時監督、再監督などを行う

② 定期監督とは？……214
→事業場の規模、業種、問題のあるなしにかかわらず調査対象となる

③ 申告監督とは？……216
→労働者から労基署への申告により行う調査

④ 労基署の調査の流れは？……218
→監督官の指示に従い、調査に必要な書類を揃える

⑤ 調査を受けるときのポイントは？……220
→事前に法律違反に気づいたら、すぐに改善策を打っておく

⑥ 是正勧告書、指導票とは？……222
→法律違反・指導事項に対して、労基署から交付される書面

⑦ 是正報告書、指導報告書とは？……224
→監督官による指導事項を改善したら、報告書を期限までに提出

第13章　労働トラブルの対処法

① 個別労働紛争とは？ …… 228
↓ 賃金や残業時間など、労働条件をめぐる労働者と会社間のトラブル

② 労働局のあっせんとは？ …… 230
↓ 個別労働紛争を、無料でスピーディーに解決

③ 団体交渉の申出があったら？ …… 232
↓ 労働組合からの団体交渉は拒むことができない

④ 残業代未払いのトラブル …… 234
↓ 未払い残業は、原則2年分さかのぼって支払わなければならない

⑤ 解雇のトラブル …… 236
↓ 解雇権の濫用と判断されるリスクを減らす

⑥ 過重労働のトラブル …… 238
↓ 時間外労働は月45時間以内が目安。過重労働が原因の死傷病は損害賠償が発生する

⑦ うつ病のトラブル …… 240
↓ 会社指定の医師の診断を受けさせるなど、慎重な対応が必要

コラム

本書の内容は２０２１年３月時点の情報をもとに作成しています

◆装丁／富永三紗子
◆編集協力／有限会社クラップス
◆ＤＴＰ／田中由美
◆イラスト／角　慎作

第1章

労働基準法って何？

1 人事関連のルールとは？

法律で定められているものと、事業主が任意で決められるものがある

最初に、人事関連のさまざまなルールを押さえましょう。ルールには2つあります。まず1つは、**法律で必ず守らなければならないと定められたルール**です。例えば、社会保険の加入基準を満たす労働者は、必ず社会保険に加入させなければいけませんし、労働者に支払わなければいけない最低賃金は決まっています。また10人以上いる事業場は就業規則を作成して、届出をする必要があります。これらの法律のルールを守らないと、例えば社会保険に加入すべき人を加入させていなければ、原則、さかのぼって過去2年分の社会保険料を請求されますし、最低賃金を払わなければ最悪50万円以下の罰金が科せられることもあります。

一方で、**事業主が任意で決めることができるルール**もあります。例えば、9人以下でも就業規則を作成することができます。ただし、一度定めた規則を事業主の都合で簡単に変更することはできません。任意で定めたルールを破った場合も労務トラブルに発展し、あとで訴えられる可能性もありますので慎重に決めていくことが大切です。

人事関連の主な法律一覧

法律名（一部短縮名）	概　要
労働基準法	労働条件の最低基準を定めた法律で、人事関連でコアとなる法律
労働安全衛生法	労働災害を防止するための基準や職場における労働者の安全と健康確保について定めた法律
労働者災害補償保険法	労働者が業務または通勤中に被災した場合の保険給付などについて定めた法律
雇用保険法	失業手当や教育訓練給付などの給付や、その他労働者の雇用を守るための助成金支給を定めた法律
労働保険徴収法	労働保険の保険関係の成立および消滅、労働保険料の納付手続き、労働保険事務組合などについて定めた法律
健康保険法	労働者の業務外の事由による疾病、負傷もしくは死亡または出産およびその被扶養者の疾病、負傷、死亡または出産に関して行う保険給付について定めた法律
国民年金法	国民の老齢、障害、死亡について必要な給付を行う年金制度について定めた法律
厚生年金保険法	労働者の老齢、障害、死亡について必要な給付を行う年金制度について定めた法律
労働契約法	雇用契約について定めた法律
最低賃金法	最低賃金について定めた法律
男女雇用機会均等法	雇用における男女の均等な機会や待遇確保について定めた法律
労働者派遣法	労働者の派遣について定めた法律
育児・介護休業法	育児休業と介護休業について定めた法律
高年齢者雇用安定法	定年の延長や定年後の再雇用について定めた法律
出入国管理法	外国人雇用に関する在留資格などの定めがある法律
所得税法	所得税全般や所得税の給与からの源泉徴収などについて定めた法律

2 労働基準法とはどんな法律？

労働条件の最低基準を定めた法律。これを下回る労働契約は無効

労働基準法（以下、**労基法**）は、多くの人事関連の法律の中で**最もコアとなる法律**です。**労働者を保護する**ことを目的としている法律で、**強制法規**といい、この法律に反する契約は無効になるという強制力がある法律です。ですから、**この法律を下回る労働条件で、事業主は労働者と契約することはできません**。仮に当事者間で同意していたとしても、この法律に違反すればその部分は**無効**となってしまいます。例えば、入社するとき、労働者が事業主に「残業手当はいらないから働かせてください」と約束し同意書までもらっていたとしても、実際に残業していれば残業手当を支払わなければならないのです。

労基法は原則、労働者のいる事業場が一律に守らなければいけない法律ですが、**事業場の規模や業種**に応じて**一部柔軟に適用できる**ようになっています。例えば、法定労働時間は、原則は1週間40時間ですが、特例で常時10人未満の一部の業種は44時間となっています（60ページ参照）。また残業時間の割増率も、一定条件の中小企業は特例で割増率を当分低くすることが認められています（90ページ参照）。

労基法で主に定められていること

労働条件(2章参照)	休日(3章3、4参照)
均等待遇(2章1参照)	時間外および休日の労働(3章14参照)
男女同一賃金の原則(1章3参照)	時間外、休日および深夜の割増賃金(4章1、2参照)
強制労働の禁止(1章3参照)	事業場外労働(3章13参照)
中間搾取の排除(1章3参照)	専門業務型裁量労働制(3章11参照)
公民権行使の保障(6章6参照)	企画業務型裁量労働制(3章12参照)
使用者の定義※1	年次有給休暇(6章1、2、3、4、5参照)
賃金の定義(5章1参照)	安全衛生(10章参照)
平均賃金(5章4参照)	年少者、未成年者の労働契約(2章3参照)
労働契約(2章参照)	深夜業(2章3参照)
契約期間(2章参照)	危険有害業務の就業制限(2章3、10章4参照)
労働条件の明示(2章参照)	女性、妊産婦(6章6、7章1、2参照)
解雇制限、解雇の予告(2章6、8章6、7、8参照)	技能者の養成(徒弟、見習いの酷使禁止、職業訓練生の特例)
退職時の証明(8章9参照)	災害補償(9章参照)
賃金の支払(5章1、11章4参照)	就業規則(11章参照)
休業手当(5章3参照)	寄宿舎(事業所附属の寄宿舎のルール)
最低賃金(5章2参照)	監督機関(1章4参照)
労働時間(3章1、2参照)	法定3帳簿※2
変形労働時間制(2章3、3章6、7、8、9、10参照)	記録の保存(法定3帳簿、協定届など労働関係書類は3年間の保存が必要)
休憩(3章5参照)	罰則(1章3参照)

※1　使用者とは、事業主だけではなく、取締役、支配人など経営に携わる者や、総務部長、工場長など人事労務管理において決定権を持つ者も含まれる

※2　法定3帳簿とは、①労働者名簿、②賃金台帳、③出勤簿を指し、常に事業所に備え付けておく必要がある。監督官の調査(220ページ参照)などで、まずこの3帳簿の提出が求められる

3 労基法を守らないとどうなる？

10年以下の懲役または300万円以下の罰金が科されることも

労基法は、労働者を保護するための法律なので、これに違反すると思わぬ事態になりかねません。**労働基準監督官**（以下、**監督官**）に違反を指摘されれば、是正勧告を受けますが、悪質な場合や改善しない場合は最悪、**罰金刑**や**懲役刑**が科されます。また、新聞などで社名や個人名が公表されることにもなりかねず、大きなダメージを受けます。

罰金以外にも、**多額のお金を払わなければならないケース**もあります。例えば、未払い残業手当問題です。監督官などに指摘されると、原則、過去2年分にさかのぼって支払わなければなりません。こうなると、まとまったお金が用意できず、運転資金に影響が出る会社も出てきます。

一方、労働者から見れば、会社が**労基法違反**をしていたと聞くと、他にもいろいろ自分たちに不当なことをしているのではないかと**不審を抱く**きっかけになります。そうなると個別労働紛争（228ページ参照）につながり、事業主にとっては大きな負担となります。

労基法違反はあらゆる面でマイナスとなるので、十分に理解することが大切です。

労基法違反の主な罰則一覧

1年以上10年以下の懲役 または 20万円以上300万円以下の罰金	• 強制労働の禁止違反
1年以下の懲役 または 50万円以下の罰金	• 中間搾取の禁止違反 • 最低年齢制限違反
6ヵ月以下の懲役 または 30万円以下の罰金	• 均等待遇違反 • 男女同一賃金の原則違反 • 時間外、休日および深夜の割増賃金の不払い • 労働時間制限違反 • 年次有給休暇の付与義務違反 • 休日付与義務違反 • 解雇予告義務違反 • 産前産後の就業規制違反 • 申告に係る不利益取扱い禁止違反
50万円以下の罰金	• 最低賃金の不払い（最低賃金法）
30万円以下の罰金	• 労働条件の明示義務違反 • 賃金支払い5原則違反 • 休業手当の支給義務違反 • 就業規則の作成義務、届出義務違反 • 1年単位変形労働時間制の労使協定の届出違反 • 退職時の証明書の交付義務違反 • 法令等の周知義務違反

違反を犯した者だけでなく、
会社も罰則を受ける（両罰規定）！

4 労働基準監督署は何をするところ?

労基法違反の取り締まりや、労働関係の手続きを管轄する行政機関

労働基準監督署(以下、**労基署**)は、各都道府県にある**労働局の出先機関**で各地域ごとにあります。業務としては、労基法や最低賃金法、労働安全衛生法などの関連法規が守られているかの監督、指導の他、就業規則の届出、36(サブロク)協定や産業医の届出、労災保険給付の手続きなど労働関係のさまざまな書類の受理、認定なども行っています。また、労働者からの賃金不払いや解雇などの相談にも応じています。事業主が特に注意すべき点は、行政監督制度による強力な権限を持つ**監督官による法違反の監督(調査)**です。是正指導が行われたり、最悪の場合、送検されることもあります。知らないうちに法律違反をすることがないように、実務ベースでそのつど確認しましょう。

また事業主にとって労基署を訪れる機会が多いのは、労働保険料の申告のときではないでしょうか。労基署では法改正や監督(調査)の対象となりやすい事項に関するパンフレットを無料で配布しています。事業主からの**質問や相談にも応じてくれる**ので、労基署を訪れる機会にこのようなサービスを受けるのもいいでしょう。

労基署へ出す主な届出など

届　出	• 就業規則 • 時間外・休日労働に関する協定届（36協定） • 1ヵ月単位の変形労働時間制に関する協定届 • 1年単位の変形労働時間制に関する協定届 • 専門業務型裁量労働制に関する協定届 • 企画業務型裁量労働制に関する協定届 • 産業医などの選任報告の届 • 定期健康診断結果報告書の届
許可が必要	• 休憩時間自由利用除外許可申請 • 児童使用許可申請 • 年少者に係る深夜業時間延長許可申請
認定が必要	• 解雇制限除外認定 • 解雇予告除外認定
その他	• 労働保険の成立届 • 労働保険料の申告・納付 • 労災保険の給付の申請

Column

労基法の適用範囲は?

労基法は原則すべての事業に適用されます。適用除外事業とされるのは次のとおりです。

・同居親族のみが働く事業
・家事使用人
・公務員(一部適用される)
・船員(一部適用される)

また、労基法でいう「労働者」にあたるのは、原則、労基法が適用される事業で賃金をもらって働くすべての者となります。一方、個人事業主や法人の代表、法人の役員などは「労働者」にあたりません。

ただし、例外として「兼務役員」があります。これは例えば「取締役部長」といった肩書きを持つ人です。「部長」という従業員部分について労働者と判断されると、この部分のみ労基法の適用を受けることができることになります。

労基法は原則、事業場ごとに適用されます。例えば、就業規則は労働者が常時10人以上いる事業場は作成・届出義務(196ページ参照)があります。ここでいう10人以上の事業場とは企業全体の人数ではなく、1つの事業場に10人以上いるかどうかです。

ただし、1ヵ月の時間外労働が60時間を超えた部分についての割増賃金は5割以上支払わなければならないという規定(90ページ参照)の適用除外となる中小企業の人数規模要件を見るときは、特殊なケースとして企業全体の人数で判断します。

第2章

雇うときのルール

1 募集するときの注意点は？

募集、選考は制限されている事項があるので注意

人材を募集するときは、どうしても理想の人材を採用したいと思い、いろいろな条件をつけたくなります。しかし法律により**募集、選考に際して制限されている事項**があるので気をつけなければいけません。まず、性別にかかわりなく**均等な機会**を与えなければなりませんし、合理的な理由がなく**年齢制限**を設けることはできません。禁止事項を例えると、営業職なら若い30代の男性を、事務職なら20代の女性を、というような募集はできません。

募集方法は、一般の新聞や雑誌、インターネットなどの募集媒体、紹介会社やハローワークなどがあります。ハローワークは無料なのでぜひ活用をおすすめします。募集内容は、誤解を与えるような**誇大な内容**や、実際とは異なった**虚偽の内容**は出せません。例えば、募集時の賃金額を実際に支払われる額よりも上回る額で提示したり、人気のない職種だからといって別の職種で採用し、あとで異なる仕事につけるようなことがないようにします。

面接のときは、仕事をする上での**適性や能力に関係がない個人情報**を聞かないようにします。

募集、選考にかかわる主な制限

募集するときの注意点の具体例

年齢制限を設けることはできない	✕「30歳未満の方歓迎」 ※例外的に年齢制限が認められる場合がある
原則、性別を限定した募集はできない	✕「ウェイトレス募集」 ○「ウェイトレス、ウェイター募集」
性別によって異なる条件をつけた募集はできない	✕「女性は自宅からの通勤者歓迎」
男女のいずれかを優先してはいけない	✕「男性３名、女性１名募集」
誤解を与える誇大または虚偽の内容を出してはいけない	✕一律月給30万円以上で募集しながら若い人がくると月給26万円を提示

選考するときの注意点

応募者本人に責任のない事項は聞いたり、提出させたりしてはいけない	✕本籍・出生地に関すること ※戸籍謄（抄）本や本籍が記載された住民票（写し）も該当 ✕家族に関すること（続柄、職業、地位、健康など）
応募者の思想信条にかかわる事項は聞いたり、提出させたりしてはいけない	✕思想、信条、支持政党に関すること　など

2 青少年を募集・採用する際の注意点は？

募集時には固定残業代ほか労働条件などの明示が不可欠

青少年の募集や採用にあたっては、「**青少年の雇用の促進等に関する法律（若者雇用促進法）**」により、青少年（おおむね35歳未満）が適切に職業選択を行い、安定的に働くことができるための措置が求められています。

まず募集においては、労働条件などの明示に関する事項を守ること。とくに**固定残業制**（96ページ参照）を採用する場合は詳細の明示が必要になるので注意しましょう。

そして新卒者等の応募者や、応募検討中の人から求められたときは、**情報提供**することが義務付けられています。左ページの図にある〈情報提供項目〉のA～Cのすべてにおいて、それぞれ1つずつは情報提供が必要です。

また、採用内定者についても注意が必要です。採用内定者について、**安易な内定取り消しをすることはできません**（40ページ参照）。内定取り消しを防止するため、最大限の経営努力が求められます。最近はハローワークでも、法令違反があった会社の新卒求人を一定期間受け付けなくなっているので、法令違反には一層の注意が必要です。

青少年を募集・採用する際の注意点

固定残業制の場合に明示するべき事項

- 固定残業制に関する労働時間数と金額の計算方法
- 固定残業代を除外した基本給の額
- 固定残業時間を超える時間外労働
  休日労働及び深夜労働についての割増賃金を追加で支払うこと
  （ハローワークや一般求人サイトの求人でも明示が求められる）

情報提供項目

A．募集・採用に関する状況
　□過去３年間の新卒採用者数・離職者数
　□過去３年間の新卒採用者数の男女別人数
　□平均勤続年数
　□（可能であれば）平均年齢

B．職業能力の開発・向上に関する状況
　□研修の有無及び内容（対象者や具体的内容）
　□自己啓発支援の有無及び内容
　　（教育訓練休暇制度・教育訓練短時間勤務制度がある場合はその情報を含む）
　□メンター制度の有無
　□キャリアコンサルティング制度の有無及び内容
　　（セルフ・キャリアドックがある場合はその情報を含む）
　□社内検定等の制度の有無及び内容

C．企業における雇用管理に関する状況
　□前年度の月平均所定外労働時間の実績
　□前年度の有給休暇の平均取得日数
　□前年度の育児休業取得対象者数・取得者数（男女別）
　□役員に占める女性の割合及び管理的地位にある者に占める女性の割合
　※情報提供の求めを行ったことを理由として不利益な取扱いをすることはできない

3 年少者を雇うときの注意点は？

満18歳未満の人を雇うときは、年齢証明書などが必要

年少者とは**「満18歳未満の人」**をいいます。年少者を雇うときは、いろいろと法律の制限があるので注意が必要です。これを守らないと重大な労働基準法違反になるからです。

まず年少者を雇う場合は、年齢を証明する**年齢証明書**を事業場内に備え付けます。

原則として、**時間外、休日労働、変形労働時間制は適用できません**。また**午後10時から午前5時の間の深夜労働も禁止**されています。特に注意が必要なのは、時間外労働です。例えば、朝から働いてもらっていて本人も会社も気づいたときには、法定労働時間をうっかりオーバーしてしまっていたということがあります。原則、1分の時間外労働でも違反なので、そうならないようにまわりの従業員にもよく理解させておく必要があります。

また、**中学生の年齢以下（満15歳に達した日以後の最初の3月31日までの者）は原則雇ってはいけません**。ただし、新聞配達など一部例外があります。労基署長の許可を得る必要があり、かつ学業に差し支えがないことを証明する**学校長の証明書と親の同意書**を事業場内に備え付ける必要があります。

年少者を雇うときに注意すること

●満15歳に達した日以後の最初の3月31日を終了した者（中学を卒業する年度末を超えた者）から満18歳未満の者までの年少者について

原　則	**労働時間、業務の制限がある**
時　間	**午後10時～午前5時の深夜労働をさせてはいけない** （例外）●交替制による満16歳以上の男性 ●交替制の事業で、労基署長の許可を得て、午後10：30まで労働させるか、午前5：30から労働させる ●農林水産畜産業、保健衛生業、電話交換業務 ●非常災害時（労基署長の許可） **時間外、休日労働、変形労働時間制（フレックスタイム制含む）は原則禁止** （例外）●①と②の場合は変形労働時間制が認められる ①１週40時間を超えない範囲内で、１週間のうち１日の労働時間を４時間以内に短縮する場合において、他の日の労働時間を10時間まで延長する場合 ②１週48時間、１日８時間を超えない範囲内において、１ヵ月または１年単位の変形労働時間制を適用する場合 ●非常災害の場合の時間外労働、休日労働（労基署長の許可）
業　務	**危険有害業務につかせてはいけない**
必要書類	**年齢証明書を事業場に備え付ける** ※年齢証明書は住民票記載事項証明書でＯＫ

満15歳に達した日以後の最初の３月31日までの児童は原則雇用禁止！

※新聞配達や子役などは一部例外あり。ただし、労基署長の許可と年齢証明書、学校長の証明書、親の同意書が必要

4 内定と内定取り消しとは?

内定は簡単に取り消せない。解雇と同程度の厳しい制限がある

内定とは、**始期付解約権留保付労働契約**ととらえられています。例えば、7月4日に採用決定し、9月1日が入社日なら、それまでの期間を**内定期間**と呼びます。内定は口頭でも成立します。しかし、内容をはっきりさせるため、もしくは新卒者などは採用から入社までの期間が長いことから本当に入社できるのか、または入社してもらえるのかといった、お互いの不安を解消するため**採用内定通知**を発行するのが一般的です。

一方、内定取り消しが認められるには「客観的に合理的な理由」と「社会通念上相当である」必要があります。具体的には、学校を卒業できない、病気で就労できない、会社の経営難で、かつ整理解雇の4要件（162ページ参照）を満たすような場合です。訴えられると、和解金として何百万円も支払わなければならないケースもあります。そうならないためにも、内定者に理解してもらえるように誠意をもって説明し、事業主の都合で取り消すなら、場合により給与の1ヵ月～6ヵ月分を目安に解決金を提示し、**内定取り消しの同意書**をもらうとよいでしょう。

採用内定通知の例

採用内定通知

山田　花子　　　様

　この度実施しました採用選考試験の結果、あなたを令和○年9月1日より採用させて頂くことに内定いたしました。

同封の誓約書、身元保証書、その他書類にご記入の上、当社へ令和○年7月19日までにお送り下さいます様、お願い致します。

　出勤日は、令和○年9月2日（月曜日）となります。また事前に出勤日に持参頂く書類など随時お知らせさせていただきます。宜しくお願いいたします。

令和　○年　7月　4日
株式会社○○○○○
代表取締役　○○　○○

採用日と初出勤日が異なることがある。例えば採用日がたまたま休日にあたっている場合は次の営業日を初出勤日とする

総務部長などの名前でもOK

内定取り消し

新規学卒者の内定取り消しはハローワークへの通知が必要。内定取り消しを行った場合、企業名を公表されることがある

5 労働条件通知書とは？

入社時に労働条件などを書面で明示する必要がある

雇用契約は口頭でも成立しますが、労基法では事業主が採用の際に明示しなければならない事項が定められています。事業主は、労働者を雇い入れるときは、賃金、労働時間などの一定の**労働条件**について、原則、書面の交付が必要です。

また職業安定法では、求人の際の明示と実際の労働条件が異なる場合には、労働契約を結ぶ前に、新たに通知書で明示することが義務付けられています。

この書面のタイトルには「労働条件通知書」や「雇用契約書」などがあります。違いは、**通知書**が事業主から労働者に**一方的に通知**するのに対して、**契約書**は事業主と労働者の双方が**内容を確認し合って署名捺印**し、1通ずつ保管する点です。あとで「受け取っていない」「納得していなかった」とならないためには、**雇用契約書のほうが効果的**です。

また、パートタイマーなどにも必ず労働条件通知書等は必要です。期間の定めのある労働契約（有期労働契約。46ページ参照）の場合は、パートタイマー、アルバイト、臨時社員などの名称を問わず、更新の有無、更新する場合の判断基準なども明示します。

明示すべき労働条件

●必ず明示しなければならない事項

原則、書面の交付が必要な事項

①労働契約の期間
②有期労働契約を更新する場合の基準に関する事項（P.46参照）
③就業の場所、従事すべき業務
④始業、終業の時刻、所定労働時間を超える労働（早出・残業など）の有無、休憩時間、休日、休暇、労働者を２組以上に分けて就業させる場合における就業時転換に関する事項
⑤賃金の決定、計算・支払いの方法、賃金の締め切り・支払いの時期
⑥退職に関する事項（解雇の事由を含む）

⑦昇給に関する事項

●定めをした場合に明示しなければならない事項

⑧退職手当の定めが適用される労働者の範囲、退職手当の決定、計算・支払いの方法および支払い時期
⑨臨時に支払われる賃金、賞与などおよび最低賃金額に関する事項
⑩労働者に負担させる食費、作業用品などに関する事項
⑪安全、衛生
⑫職業訓練
⑬災害補償、業務外の傷病扶助
⑭表彰、制裁
⑮休職

●パートタイム労働法上、文書などの明示事項

- 昇給の有無
- 退職手当の有無
- 賞与の有無
- 相談窓口

〈厚生労働省のHPより雛形のダウンロード可能〉

賃　金	1　基本賃金 (イ) 月給（200,000円）、ロ　日給（　　　円） ハ　時間給（　　　円）、 ニ　出来高給（基本単価　　円、保障給　　円） ホ　その他（　　　円） ヘ　就業規則に規定されている賃金等級等 2　諸手当の額又は計算方法 イ（皆勤手当　5,000円　／計算方法： ロ（通勤手当　13,200円　／計算方法： ハ（　　手当　　円　／計算方法： ニ（　　手当　　円　／計算方法： 3　所定時間外、休日又は深夜労働に対して支払われる割増賃金率 イ　所定時間外、法定超　月６０時間以内（　25　）％ 月６０時間超　（　25　）％ 所定超　（　0　）％ ロ　休日　法定休日（　35　）％、法定外休日（　25　）％ ハ　深夜（　25　）％ 4　賃金締切日（　　）－毎月 末 日、（　　）－毎月　日 5　賃金支払日（　　）－翌月 10 日、（　　）－毎月　日 6　賃金の支払方法（本人指定口座へ振込） 7　労使協定に基づく賃金支払時の控除 (無)，有（　　）） 8　昇給（時期等　４月　　） 9　賞与（ (有)（時期、金額等　　），無 ） 10　退職金（ (有)（時期、金額等　　），無 ）
退職に関する事項	1　定年制　（ (有)（　60　歳），無　） 2　継続雇用制度（ (有)（　65　歳まで），無　） 3　自己都合退職の手続（退職する　30　日以上前に届け出ること） 4　解雇の事由及び手続 ○詳細は、就業規則第○条～第○条、第　条～第　条
その他	・社会保険の加入状況（ (厚生年金) (健康保険)　厚生年金基金 ・雇用保険の適用（ (有)，無　） ・その他（ ○上記以外の労働条件は当社就業規則による ○試用期間：３カ月 ） ※以下は、「契約期間」について「期間の定めあり」とした場合についての説明です。 労働契約法第18条の規定により、有期労働契約（平成25年4月1日以降に開始するもの）の契約期間が通算5年を超える場合には、労働契約の期間の末日までに労働者から申込みをすることにより、当該労働契約の期間の末日の翌日から期間の定めのない労働契約に転換されます。ただし、有期雇用特別措置法による特例の対象となる場合は、この「5年」という期間は、本通知書の「契約期間」欄に明示したとおりとなります。

※　労働条件通知書については、労使間の紛争の未然防止のため、保存しておいてください。

金額に上限がある場合は上限額を記入したほうがよい

原則は50%以上だが、中小企業については当分の間適用が猶予（P.90参照）

P.154参照

就業規則の定めのある場合は、就業規則の該当条文を示せば足りる。特にトラブルになりやすい事項については条文を示すだけでなく該当条文の内容をよく労働者に説明する必要がある

試用期間を定める場合（P.46参照）など、その他特記事項があれば記載

パートタイマーなどの場合は「その他」の欄に「雇用管理の改善等に関する事項に係る相談窓口」の担当者名・連絡先を記入

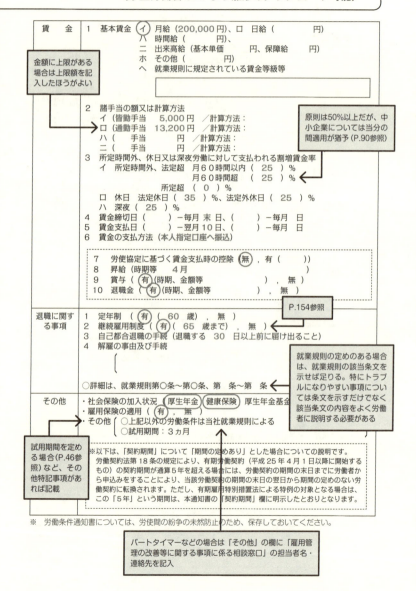

労働条件通知書の例

「雇用契約書」にする場合はタイトルを変え、労働者の署名捺印欄を追加

（一般労働者用；常用、有期雇用型）

労働条件通知書

期間の定めのある契約の場合は「定めあり」に○をつける

○年○月○日

殿

事業場名称・所在地　東京都○区○－○　○○株式会社
使用者職氏名　代表取締役　○○○○　㊞

契約期間	(期間の定めなし)、期間の定めあり（　年　月　日～　年　月　日） ※以下は、「契約期間」について「期間の定めあり」とした場合に記入 1　契約の更新の有無 ［自動的に更新する・更新する場合があり得る・契約の更新はしない・その他（　）］ 2　契約の更新は次により判断する。 ・契約期間満了時の業務量　・勤務成績、態度 ・会社の経営状況　・従事している業務の進捗状況 ・その他（ 【有期雇用特別措置法による特例の対象者の場合】 無期転換申込権が発生しない期間：Ⅰ（高度専門）・Ⅱ（定年後の高齢者） Ⅰ　特定有期業務の開始から完了までの期間（　年　ヵ月（上限10年）） Ⅱ　定年後引き続いて雇用されている期間
就業の場所	東京都○区○－○
従事すべき業務の内容	総務およびそれに付随する業務一切 【有期雇用特別措置法による特例の対象者 ・特定有期業務（　開始日
始業、終業の時刻、休憩時間、就業時転換((1)～(5)のうち該当するもの一つに○を付けること。)、所定時間外労働の有無に関する事項	1　始業・終業の時刻等 (1)始業（　9　時　00　分）終業（　18　時　00　分） 【以下のような制度が労働者に適用される場合】 (2) 変形労働時間制等；（　）単位の変形労働時間制・交替制として、次の勤務時間の組み合わせによる。 始業（　時　分）終業（　時　分）（適用日 始業（　時　分）終業（　時　分）（適用日 始業（　時　分）終業（　時　分）（適用日 (3) ﾌﾚｯｸｽﾀｲﾑ制；始業及び終業の時刻は労働者の決定 （ただし、ﾌﾚｷｼﾌﾞﾙﾀｲﾑ（始業）　時 （終業）　時 ｺｱﾀｲﾑ　時 (4) 事業場外みなし労働時間制；始業（　時　分）終業（　時　分） (5) 裁量労働制；始業（　時　分）終業（　時　分）を基本とし、労働者の決定に委ねる。 ○詳細は、就業規則第○条～第○条、第　条～第　条、第　条～第　条 2　休憩時間（　60　）分 3　所定時間外労働の有無（(有)，　無　）
休　日	(・)定例日；毎週　土・日　曜日、国民の祝日、その他（　夏季、年末年始各3日　） ・非定例日；週・月当たり　日、その他（　） ・1年単位の変形労働時間制の場合－年間　日 ○詳細は、就業規則第○条～第○条、第　条～第　条
休　暇	1　年次有給休暇　6ヵ月継続勤務した場合→　10　日 継続勤務6ヵ月以内の年次有給休暇（有・(無)） →　ヵ月経過で　日 時間単位年休（有・(無)） 2　代替休暇（(有)・無） 3　その他の休暇　有給（　○○休暇　） 無給（　○○休暇　） ○詳細は、就業規則第○条～第○条、第　条～第　条

P.51参照

有期労働契約を結ぶ際には、労基法ではその期間の長さについて上限を定めている（P.50参照）

P.52～53参照

高度な専門職の範囲は、
・博士の学位を有する者
・弁護士、医師等
・システムエンジニアとしての実務経験5年以上を有するシステムコンサルタント　等

労働者に適用される勤務形態に合わせて変形労働時間制、フレックスタイム制など特殊な勤務形態（P.68参照）を適用する場合は該当するものに○をつけ、具体的な条件を記入

6 試用期間とは？

試用期間満了で本採用しない場合は、解雇予告が必要

試用期間とは、労働者の勤務態度や職務能力などが本採用に適するかどうか**見定める期間**です。この試用期間は、法的には何ヵ月と定まっているわけではありませんが、一般的には**3ヵ月**です。事業主はこの間に研修や指導を行い、労働者が職場に適応できるように努める必要がありますが、それでも中には本採用が難しい人もいるでしょう。

試用期間を満了したからといって、簡単には辞めてもらえません。試用期間とは**解約権留保付労働契約**と考えられるので、労働者と事業主との労働契約はすでに成立しています。そのため本採用しない場合は**解雇と同じ**になります。ただし、本採用してからの解雇よりも解雇が正当だと認められる基準が低く、一方、労働者も本採用されないことに対して納得しやすいので、試用期間は必ず設けるようにしましょう。具体的には、「無断欠勤3回」で本採用しないことは正当という判例があります。

また、試用期間が**14日を超えた後**に辞めてもらう場合には、30日前の**解雇予告**、もしくは**解雇予告手当**（164ページ参照）**の支払い**を忘れないようにします。

試用期間と解雇予告手当（試用期間：4/1 ～ 6/30の3ヵ月の場合）

解雇予告、解雇予告手当は必要なし
14日以内に解雇する場合は不要

解雇予告、解雇予告手当が必要
14日を超えて引き続き雇用する場合は試用期間中であっても解雇予告の規定を適用

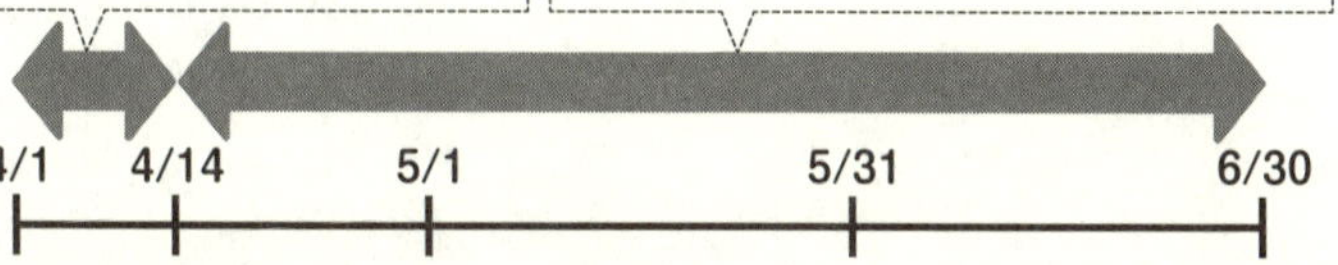

※予告日当日は日数のカウントに含めない

例1　試用期間の途中の5/31に解雇したい場合

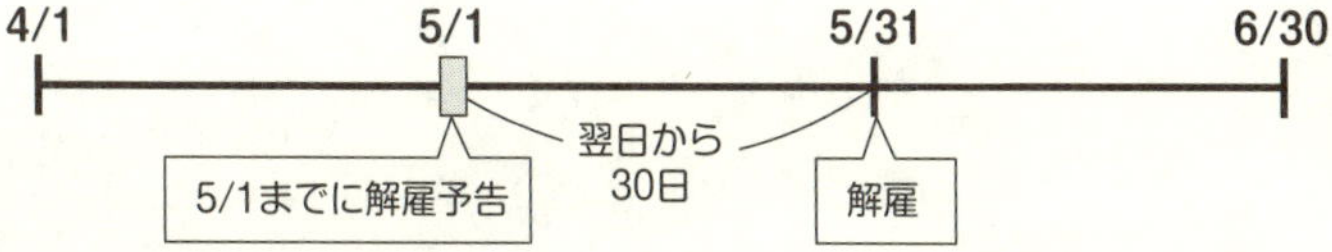

- 30日前の5/1までに解雇予告をすれば、解雇予告手当(P.164参照)は必要なし

例2　試用期間満了（6/30）で本採用しない場合で、30日前の5/31までに解雇予告をすることができず、6/10に解雇予告を行った場合

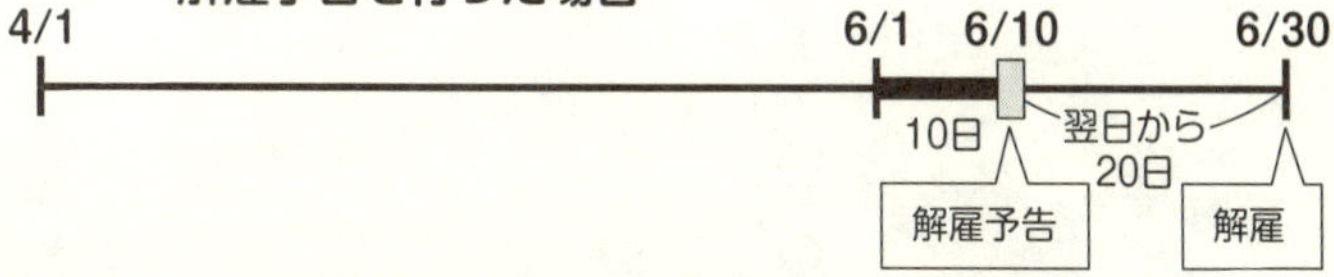

- 6/1 ～ 6/10までの30日に不足する10日間分については解雇予告手当が必要（平均賃金〈P.108参照〉×10日分）
- 6/11 ～ 6/30までの20日間分については解雇予告手当は必要なし

例3　4/15に即日解雇したい場合

- 30日分の解雇予告手当が必要（平均賃金×30日分）

7 パートタイマーを雇い入れたときは？

非正社員にも労働関連法に沿った雇用ルールが適用される

パートタイマーとは、法律的には「同一の事業所に雇用される通常の労働者に比べて、1週間の所定労働時間が短い労働者」を指しますが、実際にはフルタイム勤務であっても「パートさん」などと呼ぶ会社もあります。非正社員（パートタイマー、アルバイト、嘱託、契約社員、準社員など）の呼び方には法律上の決まりがないので、会社の就業規則で定めます（204ページ参照）。

非正社員を雇用する際にも、労働条件通知書などによる**労働条件の明示**が必要です。1日だけ雇用する非正社員にも通知書を交付する必要があります。「昇給の有無」「退職手当の有無」「賞与の有無」の項目も文書で明示しなければなりません。

注意することは、有期契約の場合は、更新に関する事項を明示する必要があることです（50ページ参照）。非正社員に最低賃金（104ページ参照）に近い金額を支払っている場合は年々上がっている最低賃金の改定も注意が必要です。また、週1回だけの非正社員にも**年次有給休暇**を付与しなくてはなりません。

パートタイマーなど非正社員を雇うときの注意点

有期労働契約の契約期間	有期労働契約には**期間の長さに上限**がある（P.50参照）
就業規則	正社員とは別に**非正社員の就業規則**を作成するとよい（P.204参照）
18歳未満の雇用	アルバイトには18歳未満も多いので**禁止事項**などに注意する（P.38参照）
年次有給休暇	毎週1日勤務の非正社員にも採用から６ヵ月を経過した日とその後１年を経過するごとに、**労基法で定められた日数**を与えなければならない（P.120参照）
雇用契約の更新、終了など	非正社員で一定の期間を定めて契約するケースでは、「更新の有無」「更新するかどうかの判断基準」について明示する（P.50参照）
	有期労働契約を更新しない場合は、対象となる労働者には少なくとも**契約期間終了日の30日前までに予告**する（P.50参照）
育児休業、介護休業	要件にあてはまれば**非正社員にも適用**される（P.140、144参照）
労災保険	１日だけの短期アルバイトも含め、**すべての従業員が対象**となる
雇用保険	１週間の所定労働時間が20時間以上であり、31日以上引き続き雇用されると見込まれる労働者は、非正社員であっても**雇用保険の加入対象**となる
社会保険（健康保険、介護保険、厚生年金保険）	一般の労働者の所定労働時間、所定労働日数の3/4以上の場合は、非正社員であっても**社会保険の加入対象**となる（規模501人以上の特定適用事業所は別基準）

8 有期労働契約者の雇用契約の更新とは?

雇用契約を繰り返し更新したときは、雇止めの予告が必要

契約社員やパートタイマーなどの非正社員の多くは、1年契約など、期間を定めて雇用されます。このような期間契約者を**有期労働契約者**といいます。1回の雇用契約期間の**上限は3年**(一定の要件に該当する場合は**5年**)と定められていますが、いきなり3年契約は長いので、1年以内の契約期間で雇用契約を結ぶことがほとんどです。

有期労働契約者にも、**労働条件を通知する義務**があります。特に契約期間の定めがあるため、**契約期間や契約更新**についての項目(次ページ参照)が重要です。

正社員と違い、契約を更新しなければそこで終了なので、会社にとっては便利な存在ですが、何回も契約を更新した場合は、労働者は次の更新を期待するので、更新しない場合は前もって契約を終了することを話しておく必要があります。契約を3回以上更新し、または雇入れ日から1年を超えて継続して勤務している有期労働契約者の契約を更新しない場合は、少なくとも30日以上前に**雇止め(雇用契約を事業主が更新せずに終了させること)の予告**をしなければなりません。

有期労働契約者を雇うときの注意点

有期労働契約の期間の上限 ➡ 原則３年

上記の例外

- 専門的知識、経験、技術があり、高度なものとして厚生労働省が定めた基準に該当する者（医師、弁護士、博士の学位を有する者、ＳＥとして５年以上の経験を持ち年収1,075万円以上の者など）➡ 5年
- 60歳以上の者 ➡ 5年
- 有期の建設工事など一定の事業の完了に必要な期間雇用される者 ➡ その期間

労働条件通知書作成例（P.45）の契約期間部分の抜粋

契約期間	期間の定めなし、期間の定めあり（　年　月　日～　年　月　日） ※以下は、「契約期間」について「期間の定めあり」とした場合に記入 1　契約の更新の有無 ［自動的に更新する・更新する場合があり得る・契約の更新はしない・その他（　）］ 2　契約の更新は次により判断する。 ・契約期間満了時の業務量　・勤務成績、態度 ・会社の経営状況　・従事している業務の進捗状況 ・その他（ 【有期雇用特別措置法による特例の対象者の場合】 無期転換申込権が発生しない期間：Ⅰ（高度専門）・Ⅱ（定年後の高齢者） Ⅰ　特定有期業務の開始から完了までの期間（　年　ヵ月（上限 10 年）） Ⅱ　定年後引き続いて雇用されている期間

有期労働契約を結ぶ際には、労基法ではその期間の長さについて上限を定めている（P.50参照）

- 雇止めの予告は、解雇予告とは異なる
- 雇用契約期間中の解雇は、原則残りの契約期間分の賃金を支払う必要があるので注意

9 労働契約法の有期労働契約のルールとは？

有期雇用契約期間が通算5年を超えたら、無期労働契約へ転換

有期契約労働者の労働契約を繰り返し更新すると、簡単には契約期間満了で雇用を終了（雇止め）することができず、解雇事由に該当するような場合でないと、**雇止めが無効**と判断される場合があります。また、雇用契約書をきちんと交わしていなかった場合や、契約当初から「長く働いてほしい」などと長期間の契約を期待させるような発言を会社がしていた場合も同様です。これが**労働契約法**で定められた「**雇止めの法理**」です。

また、平成25年4月以降に開始する有期雇用契約期間が**通算5年を超えた場合**は、労働者は無期労働契約への転換を申し込むことができる「**無期転換ルール**」が、平成30年度から本格化されました。

この法律では「**不合理な労働条件の禁止**」も定めています。同一の使用者と労働契約をしている、有期労働契約者と無期労働契約者との間で、期間の定めの有無で不合理に労働条件（賃金、労働時間、災害補償、福利厚生などの一切の待遇）を相違させることも禁止です。雇用形態別の就業規則などの整備が、労働者とのトラブルを防ぐポイントです。

有期労働契約者が無期労働契約への転換の申込みができるケース

契約期間が１年の場合

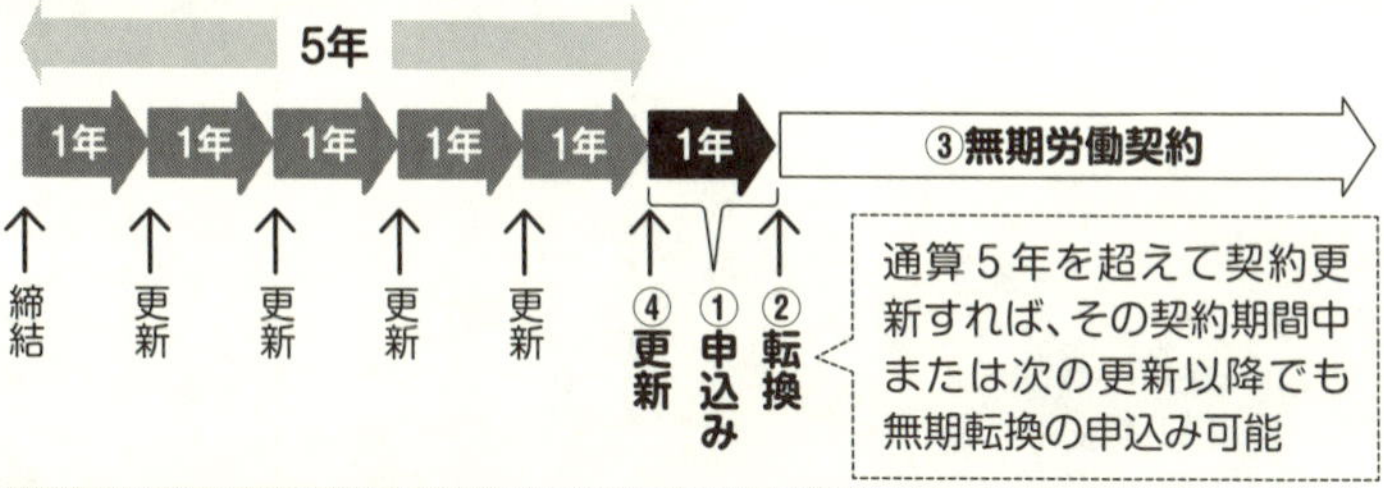

- 平成25年４月以降開始する雇用契約に限る。それ以前から引き続き契約していたとしても平成25年４月前の契約期間は通算しない
- 無期労働契約に転換したからといって正社員にしなければならないわけではない。仕事内容、賃金、労働時間などの労働条件は従前と同じでもかまわない
- 無期労働契約に転換した場合、会社側から雇用契約を終了させるときは解雇となる。解雇理由が「客観的に合理的な理由を欠き、社会通念上相当と認められない場合」には解雇は無効と判断される

以下の場合は「有期雇用特別措置法による無期転換ルールの特例」が適用されます。
(1)「5年を超える一定の業務」に就く高度の専門職（年収1,075万円以上、P.45参照）
(2)定年後に有期契約で継続される高齢者は、一定の手続きの上、労働局長の認定により対象外とされる特例あり

通算契約期間の計算について（クーリングとは）

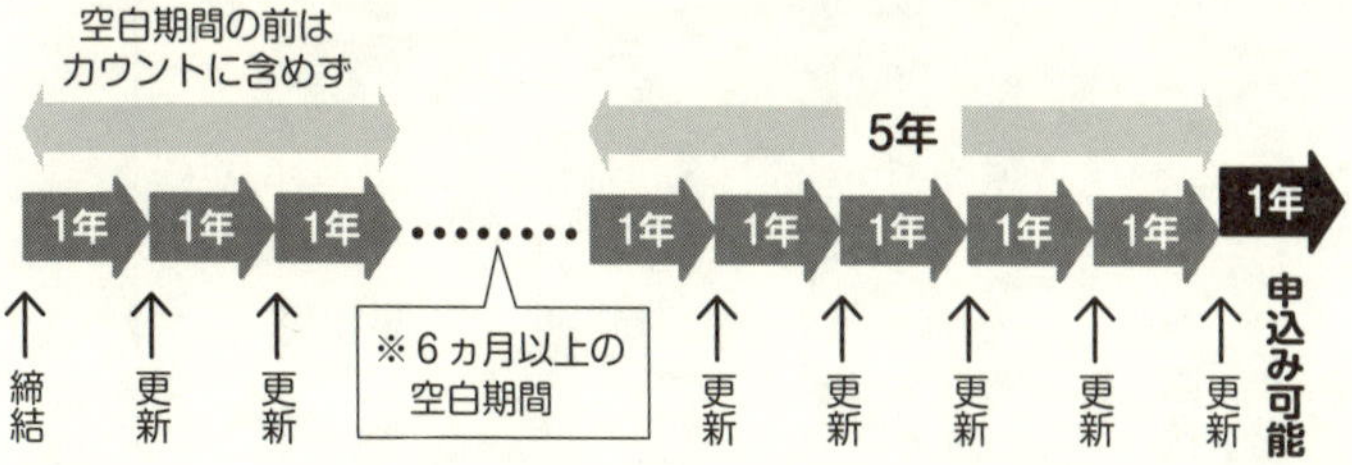

※空白期間……契約がない期間が６ヵ月以上あるときはリセットできる。上図のほか、通算対象の期間が１年未満の場合は、その期間の２分の１以上の空白期間があれば、その期間もリセットできる

10 外国人を雇うときは？

外国人の雇入れ時と退職時はハローワークへ届け出る

日本に暮らしている**外国人**は、誰でも就労させてよいとは限りません。入国時に**就労目的を認めた「在留資格」を与えられた者**だけが、国内で就労できます。就労できる在留資格者以外を雇うことは許されません。しかし、就労活動が認められていない在留資格でも、一定の範囲内で就労を認めることもあります（次ページ参照）。

では、外国人の在留資格はどのように確認するのでしょうか。

平成24年7月より、外国人の在留管理制度が新しくなり、中長期在留者には**在留カード**（以前は「外国人登録証明書」）が交付され、この在留カードの情報をもとに、就労可否を確認します。万が一、不法就労者を雇った場合も、労基法は「労働の実態がある者」に適用されるため、労災補償や残業手当、年次有給休暇などを与える必要があります。

ハローワークへは、雇用保険の加入有無にかかわらず、雇入れ時と退職時に**雇用状況を届け出**ます。1日だけの就労でも適正な在留資格であることを報告しなくてはなりません。届け出なかった場合は指導、勧告の対象となり、罰金刑の対象にもなります。

外国人を雇うときの注意点

就労が認められる在留資格

教授、芸術、宗教、報道、経営・管理、法律・会計業務、医療、研究、教育、技術、人文知識・国際業務、企業内転勤、興行、技能　など

※各在留資格に定められた範囲で就労可能

在留中の活動に制限がない在留資格

永住者、日本人の配偶者等、永住者の配偶者等、定住者

就労が認められていない在留資格

留学、家族滞在　など

※本来の在留資格の活動を妨げない限られた時間数で就労を認められる場合（資格外活動許可）がある

在留資格は在留カードで確認しよう

Column

入社誓約書、身元保証書とは？

入社時に労働者からもらう書類に、入社誓約書と身元保証書があります。法律的に必ず必要な書類ではありませんが、最近では個人情報保護の観点から、「個人情報保護に関する誓約書」をとる会社が多くなっています。

一般的な入社誓約書は、「会社の就業規則および個人情報、秘密情報などを守り勤務します」といった内容です。労働者に規則を守らせ、意識を高める目的で提出してもらうものなので、法律的な効力はありません。

一方で身元保証書は、身元保証人に対して労働者の身元の保証と、会社に損害を与えたときの損害賠償をしてもらう、法律的な効力があるものです。保証期間は、期間を定めなかった場合は3年、期間を定めた場合は5年が上限です。ただし、実際に損害賠償を請求できるかというと、簡単にはいきません。「身元保証ニ関スル法律」で、身元保証人が労働者の状況を知らないまま、損害賠償責任を負わされることを防ぐために責任の範囲が限定されているからです。例えば、労働者の職務が「広報」から金銭を扱う「経理」に変わった場合は、使用者は身元保証人にその旨を通知しなければ横領などがあったときに保証してもらうことは難しくなります。しかし、身元保証人がいると横領などを防ぐ抑止力にはなりますし、本人と連絡がとれないときの緊急連絡先にもなります。いざというときのために身元保証書をとっておくと安心です。

第3章

労働時間のルール

1 労働時間にカウントされる時間は？

実際に作業している時間だけでなく、手待ち時間も含む

労働時間とは、**所定労働時間**（60ページ参照）と**残業時間**だけではなく、**手待ち時間**も含みます。労基法で労働時間とは、労働者が事業主の**指揮命令下**に置かれている時間を指し、その指揮命令が**暗黙の指示**によるものであったとしても、その時間は**労働時間とみなされます**。休憩とみなされるためには**自由利用が保障**されているかどうかで判断します。

例えば、昼休み中の電話番として職場内に誰か１人が必ず待機しなければならない場合、電話がかかってこなかったとしても、労働者がその時間を自由に使えることが保障されているとはいえないため、この時間は労働時間とみなします。

また事業場内外における勉強会などの教育訓練時間は、その参加の有無が労働者の人事考課に反映される場合や、半強制的に参加を促すようなものであれば、建前は自主参加といえども労働時間と判断され、賃金の支払いが必要となります。

このように判断に困るときは、実際の労働者の行為が、事業主の指揮命令下においてなされたものか、自由利用が保障されているかどうか、客観的に判断します。

労働時間となるもの、ならないもの

原則、労働時間となるもの	原則、労働時間とならないもの
自由利用が保障されていない時間（手待ち時間）	休憩時間
事業場間の移動時間	通勤時間（直行直帰も含む）
制服に着替える時間	制服着用が自由で自主的に着替える時間
指示のある準備時間 （例）始業前に全員ローテーションで行う掃除	労働者の自由意思で行う準備時間 （例）自分のデスクを掃除
参加義務がある教育訓練時間	参加義務がない教育訓練時間

2 法定労働時間、所定労働時間とは？

法律で定められた労働時間と、会社ごとに決める労働時間

労基法では「原則、ここまでなら働かせてもいいですよ」という目安となる時間数を定めています。これを**法定労働時間**といいます。具体的には、休憩時間を除き**原則1日8時間、1週間で40時間**までですが、一定の事業については**1週間で44時間**となります。法定労働時間を超えて働かせる場合は、36（サブロク）協定を結んでおく必要があり（84ページ参照）、超えた部分については**割増賃金**（90ページ参照）を支払う必要があります。

一方、**所定労働時間**とは、会社が独自に決めた労働時間を指します。「うちは朝9時～夕方5時半（休憩1時間）勤務で、週休2日」という会社であれば、その会社の所定労働時間は1日7時間半、1週37・5時間ということになります。法定労働時間とは、ここまでなら労働者を働かせてもよいという**上限ライン**なので、**所定労働時間を定める際は、この範囲内で定めなければなりません**。

ただし、**変形労働時間制**（68ページ参照）を導入すれば、例えば特定の日だけ9時間勤務の日を定めるなど、1日の法定労働時間を超えて働かせることができます。

法定労働時間と所定労働時間

（例）1日の所定労働時間7.5時間（H）、週5日勤務の場合

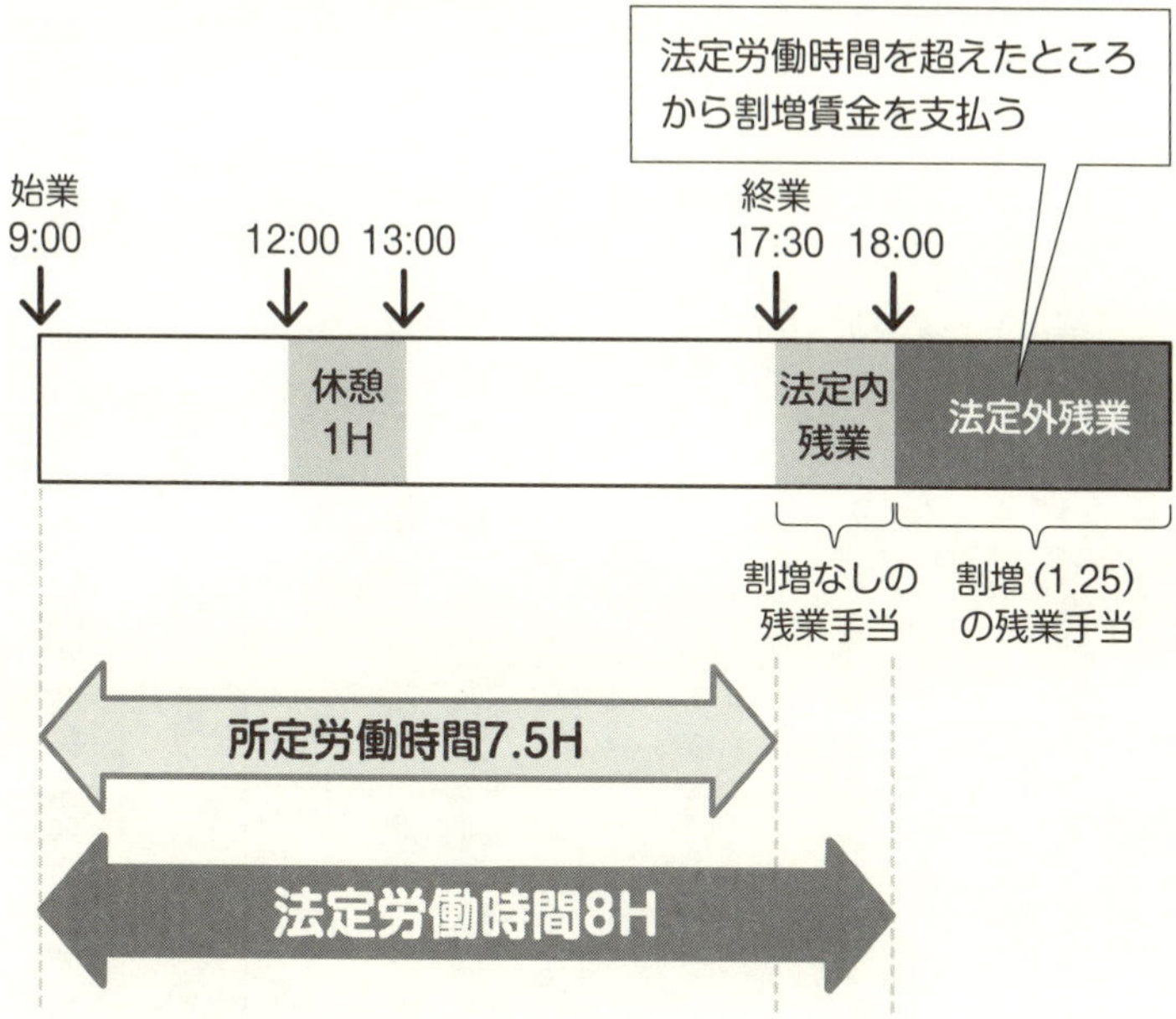

1週間の法定労働時間が44時間となる特例措置対象事業場

次の事業のうち常時使用する労働者数が10人未満の事業場については1日8時間、1週44時間の週法定労働時間が適用される

- **商　業**
- **映画・演劇業**（映画製作の事業は除く）
- **保健衛生業**
- **接客娯楽業**

3

法定休日、法定外休日とは？

休日は最低でも週1日、または4週4日以上与えなくてはならない

休みなく毎日働き続けると、心身にダメージが出て、最悪過労死につながります。ですから、労基法では「最低これだけの休日を労働者に与えるように」と定めているのです。これを**法定休日**といいます。また法定休日は何曜日でもかまいません。

①毎週少なくとも1回の休日を与えなければならない

これが大原則です。ただし、業種によっては毎週必ず1回の休日を与えるのは難しいという場合も当然あります。そこで、①が難しい場合は、

②4週を通じ4日以上の休日を与えればよい

としています（就業規則などに4週間の始まりを定める必要があります）。

ただし、1日8時間勤務の会社では、5日間働いた時点で週法定労働時間（40時間）を超えてしまうので、1週間のうち2日間の休日を与えなければなりません。そのうちの1日を法定休日、**それ以外の休日で会社がプラスアルファで与えた休日を法定外休日**といいます。

休日のポイント

POINT 1 **法定休日**とは**毎週1回の休日**または**4週4日以上の休日**

POINT 2 **法定外休日**とは**法定休日のほかに会社がプラスアルファで与える休日**

POINT 3 **休日は日曜、祝日でなくてもよい**
（例）美容室の一般的な休日は火曜日

POINT 4 **就業規則**で「法定休日は○曜日、法定外休日は△曜日」などと具体的に定めると、割増賃金の計算が簡単に行える

休日の具体的な決め方

（例）1日の所定労働時間が8時間の会社の場合

- 5日間労働すると**8H×5日＝40H**となり、5日労働した時点で**1週間あたりの法定労働時間である40時間**に達してしまうため、残りの2日を休日とする必要がある
- 休日2日のうち、一方を法定休日とし、もう一方を法定外休日とする

①1週間のうち1日を**法定休日**とし

月	火	水	木	金	土	日
8H	8H	8H	8H	8H		

40H

②それ以外の休日を**法定外休日**とする

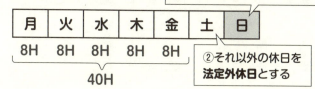

4 振替休日、代休のとらせ方は？

振替休日は、事前に労働日と休日を入れ替える

業務などの都合により、労働日と休日を入れ替えることを**休日の振り替え（振替休日）**といいます。労働者に振替休日をとらせるためには、①**就業規則などに休日を振り替えることがある旨を記載し**、②**少なくとも前日までに「この日とこの日を振り替える」と労働者に示す**必要があり、③**できるだけ近接した日に振り替えます**。もし同じ週内で振り替えれば割増率の支払いは必要ありません。

それに対して**代休**とは、前もって代わりの休日の定めをせず、休日に労働してもらい、その代わりとして事後に特定日の労働を免除することを指します。休日出勤した分については割増賃金を払うので、代休は与えても与えなくてもかまいません。代休は法定休日の振替休日と違い、**時間による休み**を与えることができます。

労働者に代休を与える際には、賃金の二重払いを防ぐために、**代休を取得した場合は休んだ時間相当分の賃金は支払わない旨を就業規則などに記載**しておきましょう。

振替休日と代休のポイント

振替休日	代　休
● 就業規則などに定める	● 代休を取得した時間相当分の賃金を控除するためには就業規則などに定めが必要
● 事業主が前日までに振替日を特定し、労働者に示す	● 事後に事業主または労働者本人が代休日を指定することができる
● 同一週内で振り替えた場合、割増率の支払いは不要 ● 他の週と振り替えた場合は、週法定労働時間40時間を超えた部分について割増率を支払う必要がある	● 同一週内で代休を与えた場合でも休日出勤に対する割増賃金を支払う必要がある
● 法定休日は1日単位で振り替える（その日の労働時間が4時間だとしても振替休日は1日与える必要がある）	● 1日単位はもちろん、時間単位でも与えることができる

振替休日

●同一週内で労働日と休日を入れ替える例

●他の週の労働日と休日を入れ替える例

就業規則などに別段の定めがない場合は、1週間は日曜始まりとなる

代　休

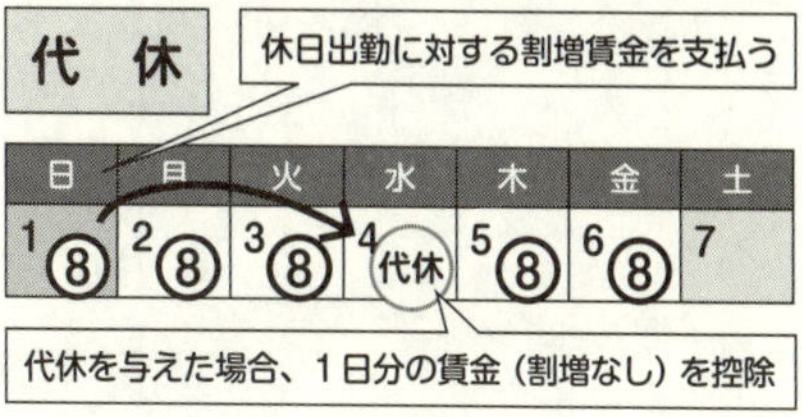

法定休日の出勤に対して代休を与えた場合は
（1日の賃金×1.35）－
（1日の賃金×1.0）
＝1日の賃金×0.35
これだけを支払えばよいことになる
※控除に関して就業規則などに記載が必要

5 休憩時間とは?

原則、労働時間の途中に、労働者全員に一斉に与える

労働時間が**6時間**を超える場合は**45分**、**8時間**を超える場合は**1時間**の**休憩**を与えなければなりません。そして労基法には休憩の3原則なるものがあります。

①休憩時間は労働時間の途中に与えなければならない

これは休憩時間を勤務の始まりと終わりに与えてはならないという意味です。8時間連続で働いたあとに1時間の休憩を与えることはできません。

②休憩時間は同じ職場の労働者全員に一斉に与えなければならない

原則、休憩は同じ職場の労働者に一斉に与えなければなりません。つまり、昼休みは原則一斉にとらせる必要があります。ただし業務上、**一斉付与がなじまない接客業などの一定の業種**または**労使協定を結んだ場合（届出不要）**は一斉でなくてもかまいません。

③休憩時間は労働から離し、自由に使わせなければならない

休憩時間とは、労働の合間に体を休息させるための時間です。そして休憩時間は、原則として労働者が自由に使ってよい時間とされています。

休憩の与え方の例

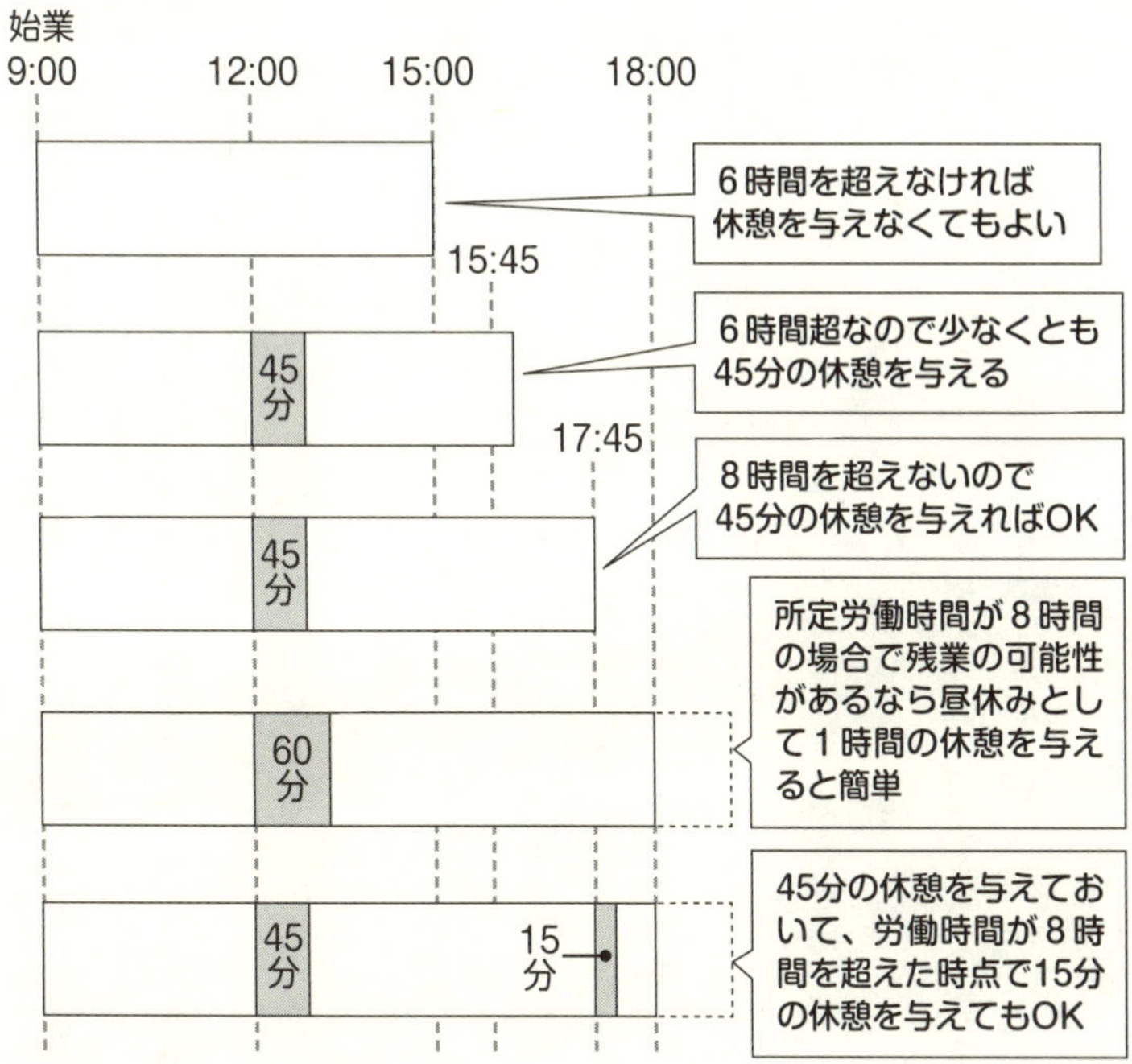

休憩の一斉付与の例外

1 適用除外の業種

運輸交通業、商業、金融・広告業、映画・演劇業、通信業、保健衛生業、接客娯楽業、官公署の事業

2 労使協定による適用除外

「休憩の一斉付与の適用除外に関する協定」を結んだ事業場

6 会社に合わせた労働時間制とは？

会社の実態に合わせた柔軟な働き方で、残業時間を削減する

法定労働時間（60ページ参照）は原則1日8時間、1週40時間までと定められています。この原則で働かせると、繁忙期は残業が当たり前となり、残業代が多く発生してしまいます。それならば、もっと柔軟な働き方にできないか、と思ったことはありませんか。

労基法では、**一定期間内の1週間を平均して原則40時間以内**におさまっていれば、1日8時間や1週40時間を超える日や週があったとしても割増賃金を支払わなくてよいという**変形労働時間制**を定めています。導入には要件がありますが、業務の特性に合わせた変形労働時間制を活用すれば、忙しい時期は多く、暇な時期は少なく、メリハリをつけて働かせることができるので、残業時間を大幅に削減できます。変形労働時間制はいくつか種類があり、次ページ以降で順に説明していきます。

この他にも、**業務の遂行手段や時間配分を本人の裁量に任せる裁量労働制**や、直行、直帰など社外での仕事のため**労働時間の把握がしにくい場合の事業場外みなし労働時間制**などもあるので、会社の実態に合わせてこれらの制度を上手に活用しましょう。

変形労働時間制と、みなし労働時間制

変形労働時間制とは

閑散期の所定労働時間、日数を減らすことにより、繁忙期の所定労働時間や日数を増やすことができる制度（対象期間内の１週間を平均して以下の時間以内にすることが必要）

変形労働時間制	１週間の平均所定労働時間	対象となる業務	例
１年単位の変形労働時間制（P.70参照）	週40時間以内	● 季節によって繁忙期、閑散期がある業務 ● 夏季休暇、年末年始休暇などの大型連休がある会社、業務	リゾート地のホテル、工場など
１ヵ月単位の変形労働時間制（P.72参照）	週40時間以内または特例措置対象事業場（P.61参照）の場合週44時間以内	● １ヵ月以内の短い期間で繁忙期、閑散期がある業務 ● 夜勤があるなど１日の労働時間を長くしたい業務	月末に納期が集中する会社、ホテルのフロント、病院など
１週間単位の変形労働時間制（P.74参照）	週40時間以内	● 曜日や日ごとに繁閑の差が激しい業務 ※ただし、30人未満の小売業、旅館、料理店、飲食店に限られる	小規模なレストラン、旅館など
フレックスタイム制（P.76参照）	週40時間以内または特例措置対象事業場の場合週44時間以内	● 労働者本人が仕事の時間配分をある程度コントロールできる業務	システムエンジニアなど

みなし労働時間制とは

１日の労働時間を把握しがたい場合に、あらかじめ定めた時間、労働したとみなす制度

専門業務型裁量労働制	P.78参照
企画業務型裁量労働制	P.80参照
事業場外みなし労働時間制	P.82参照

7 1年単位の変形労働時間制とは？

1年間のうちで繁閑の差がある業務の、時間外労働を削減する

1ヵ月を超え1年以内で、あらかじめ定めた一定期間において、**週の平均所定労働時間を40時間以下**にすれば、所定労働時間を**変形**させることができます。リゾート地のホテルなど季節によって繁閑期がある業務や、お盆やゴールデンウィーク、年末年始などに大型連休がとれるような業種に適しています。例えば、繁忙月は1日9時間、それ以外は1日7時間労働にすることもできますし、1年の期間で変形させた場合、**1日の労働時間が8時間であれば年間105日の休日**を与えればよいので、繁忙月は月6日、閑散月は月12日などメリハリをつけて休日を設定することもできます。

1ヵ月超1年以内の期間であれば、3ヵ月や半年などでも変形させることは可能ですが、その期間の所定労働時間の総枠の上限内におさまるように、業務の繁閑の差に合わせて効率よく配分しなければならないため、1年間で変形させるのが一般的です。

導入には労働者代表と**労使協定を結び労基署に届け出る**ことが必要です。

1年単位の変形労働時間制の導入方法

※週44時間の特例措置は適用できない

1 労使協定の締結（労基署への届出が必要）

労使協定に定めておくこと

(1) 対象労働者の範囲

(2) 対象期間（1ヵ月を超え1年以内の期間）および起算日

(3) 特定期間（対象期間中に特に業務が繁忙な期間）
……なければ定めなくてもよい

(4) 対象期間における労働日および労働日ごとの労働時間

※所定労働時間の総枠の上限：40時間×対象期間の暦日数÷7日
（対象期間が1年〈365日〉の場合は、年間2,085.71時間以下に設定する）

(5) 労使協定の有効期間

2 労働日数、労働時間の限度

☐ **3ヵ月を超える期間を変形期間とする場合**

- 1年間に280日の労働日が上限
- 週48時間を超える勤務時間とする週の連続は3回まで
- 対象期間の初日から3ヵ月ごとに区切った期間内に、週48時間を超える週は3回まで

☐ **1日の労働時間は10時間、1週間は52時間が上限**

☐ **連続して労働させることができるのは、最長6日まで**

※ただし、特定期間における連続労働日数は1週間に1日の休日が確保できる日数まで（最長12日）

年度末は忙しく、8月に休みが十分とれる例

●3月（年度末で最も忙しい時期）

日	月	火	水	木	金	土
					1	2
3	4	5	6	7	8	9
10	11	12	13	14	15	16
17	18	19	20	21	22	23
24	25	26	27	28	29	30
31						

●8月（夏季休業が十分にとれる時期）

日	月	火	水	木	金	土
				1	2	3
4	5	6	7	8	9	10
11	12	13	14	15	16	17
18	19	20	21	22	23	24
25	26	27	28	29	30	31

8 1カ月単位の変形労働時間制とは？

1ヵ月のうちで繁閑の差がある業務の、時間外労働を削減する

1ヵ月単位の変形労働時間制は、前月までにシフトを決めればよく、就業規則に定めておけば労使協定を結ぶ必要がないので、**1年単位の変形労働時間制よりも導入が簡単**です。1年単位の変形労働時間制と似ていますが、1年単位の変形労働時間制は1日10時間労働が限度なのに対し、この制度は**1日の労働時間数を長く設定できる**ので、夜勤などがある病院やホテルなどに向いています。

また、あらかじめ定めた1ヵ月以内の一定期間（変形期間）の週平均所定労働時間を40時間（特例措置対象事業場の場合は44時間）以内にすればよいので、納期などの関係で月末に業務が集中するような会社は、月の前半に休日を集中させ、月の後半は休日を少なくすることも可能です。

ただし、この制度は当日の仕事の都合で労働時間を自由に調節できるわけではありません。事前にシフト表などで、変形期間内の各日、各週の労働時間、休日を具体的に定めておくことが必要です。

1ヵ月単位の変形労働時間制の導入方法

① 労使協定の締結または就業規則などに記載
（就業規則があれば労使協定は不要。労使協定を締結した場合、労基署へ届出が必要）

労使協定、就業規則などに定めておくこと

(1) 変形労働時間制を採用する旨の定め
(2) 変形期間における労働日、労働時間の特定
（労働時間の長さ、始業、終業の時刻）
(3) 変形期間の起算日（変形期間を１ヵ月とした場合は、賃金締切日の翌日にするとよい）

② 変形期間の所定労働時間の総枠
：週の法定労働時間（40時間または44時間）× 変形期間の暦日数÷7日で計算

● 変形期間１ヵ月の場合（所定労働時間の総枠をこの時間数以下に設定する）

法定労働時間	31日	30日	29日	28日（4週間）
40時間	177.1時間	171.4時間	165.7時間	160.0時間
44時間	194.8時間	188.5時間	182.2時間	176.0時間

１日の所定労働時間を長くした例

16:30　　10:00
夜勤　［　　｜休｜　　｜休｜　　］　1日15時間

＊変形労働時間制を適用すれば1日8時間を超えても時間外手当は必要ないが、22:00 ～翌5:00の間の勤務は深夜割増手当が必要

月末の休日を月の前半に移動することで月末の出勤日数を増やした例

●週休２日制

日	月	火	水	木	金	土
				1	2	3
4	5	6	7	8	9	10
11	12	13	14	15	16	17
18	19	20	21	22	23	24
25	26	27	28	29	30	31

休日日数は同じ ➡

●月末の出勤日数を増やした例

日	月	火	水	木	金	土
				1	2	3
4	5	6	7	8	9	10
11	12	13	14	15	16	17
18	19	20	21	22	23	24
25	26	27	28	29	30	31

9 1週間単位の変形労働時間制とは？

1週間以内の短期間で繁閑の差がある業務で、導入のメリットがある

この制度は、**常時30人未満の小売業、旅館、料理店、飲食店**で利用することができます。

1週間以内の日々の繁閑の差が激しいこれらの業種は、直前にならないと日ごとの忙しさがわからないので、1週間ごとに日々の所定労働時間を設定できるという制度です。ただし、週44時間の特例措置は適用できません。

この制度では、日々の時間を**1日最大10時間**とすることができるので、週末が忙しい場合は、土日に10時間の日を設定し、お客様の少ない水曜、木曜を6時間、金曜を8時間などと設定することもできます。1日10時間と設定した日は10時間を、1日8時間以下の設定をした日は8時間を超えなければ割増賃金を支払う必要はありませんが、週の労働時間の合計が40時間を超えた場合は、割増賃金を支払う必要があります。

導入するには、労働者代表と労使協定を結び、労基署に届け出ることが必要です。

1週間の各日の始業、終業などの労働時間は、少なくとも対象となる1週間が開始する前には書面で通知し、日々の労働時間を特定しておく必要があります。

1週間単位の変形労働時間制の導入方法

※週44時間の特例措置は適用できない

1 労使協定の締結
（労基署に届出が必要）

2 常時使用労働者数30人未満の
小売業、旅館、料理店、飲食店に限る

対象業種が限られる

人数要件がある

労使協定の締結、
定期的に労基署に
届出が必要

週44時間の特例が
使えない

→ 導入している
会社は
あまりない

曜日ごとに繁閑の差がある場合は1ヵ月単位の変形労働時間制を適用することが多い

10 フレックスタイム制とは？

労働者本人が一定の範囲内で出勤、退勤の時間を自由に決められる

フレックスタイム制は、3ヵ月以内の一定期間（清算期間）の総労働時間を定め、その枠内で**労働者本人が自由に出勤や退勤の時間を決める**ことができる制度です。個人の業務に合わせて仕事ができ、残業時間が減るメリットがある一方で、客先からの電話に対応できないなどのデメリットもあるので、導入の際はよく検討しましょう。

導入する際はまず、**1週平均が法定労働時間内**になるように清算期間の総労働時間を決めます。例えば清算期間1ヵ月でその月の総労働時間を168時間と決めた場合、その枠内で労働者は1日6時間でも10時間でも自由に毎日、出退勤の時間を決められます。

加えて、清算期間が1ヵ月を超える場合は、1ヵ月の労働時間が平均週50時間を超えないことが必要です。①1ヵ月ごとに週平均50時間を超えた時間と、①でカウントした時間を除いた、清算期間全体で総枠を超えた時間は時間外労働となり、割増賃金の支払いが必要です。導入する場合には、就業規則などに始業、終業の時刻を労働者に委ねる旨を明記し、運用に関する詳細を定めた労使協定を結ぶ必要があります。

フレックスタイム制の導入方法

労使協定の締結
＋清算期間が１ヵ月を超える場合は労基署への届出も必要
＋就業規則などの記載

労使協定に定めるべき事項

(1) 対象となる労働者の範囲（職種や部署を限定できる）
(2) 清算期間（３ヵ月以内。１ヵ月を超える場合には残業時間の計算が複雑になるので注意）
(3) 清算期間における起算日（清算期間１ヵ月の場合、賃金締日の翌日が多い）
(4) 清算期間における総労働時間

● **清算期間における総労働時間**

清算期間における法定労働時間の総枠 ＝ １週間の法定労働時間（40時間） × 清算期間の暦日数 / 7日

● **清算期間１ヵ月の場合（総労働時間をこの時間数以下に設定する）**

１か月単位		２か月単位		３か月単位	
清算期間の暦日数	法定労働時間の総枠	清算期間の暦日数	法定労働時間の総枠	清算期間の暦日数	法定労働時間の総枠
３１日	177.1時間	６２日	354.2時間	９２日	525.7時間
３０日	171.4時間	６１日	348.5時間	９１日	520.0時間
２９日	165.7時間	６０日	342.8時間	９０日	514.2時間
２８日	160.0時間	５９日	337.1時間	８９日	508.5時間

※特例措置対象事業場は別途定めあり。

(5) 標準となる１日の労働時間（年次有給休暇取得時の時間計算に必要）
(6) コアタイム、フレキシブルタイムを設ける場合はその時間帯の開始、終了時間
（コアタイム、フレキシブルタイムは必ずしも設けなくてよいが、設けている会社が多い）

● **フレックスタイム制のイメージ**

１日の標準となる時間（８時間）

6:00	10:00			15:00	20:00
フレキシブルタイム	コアタイム	休憩 １時間	コアタイム	フレキシブルタイム	

- コアタイム：１日のうちで必ず働かなければならない時間帯（上記例の場合、10：00～15：00）
- フレキシブルタイム：労働者が自由な選択により労働できる時間帯（上記例の場合、始業時刻6：00～10：00の間、終業時刻15：00～20：00の間）

（P.88参照）

11 専門業務型裁量労働制とは？

19業務に限って認められた、みなし労働時間制度

システム開発のSEのように、**業務上、仕事の進め方や時間配分を大きく本人の裁量に委ねる必要がある業務**があります。こうした業務に携わる人を無理に所定労働時間の枠にあてはめるとかえって効率が悪く、長時間労働になってしまいます。

そこで導入したいのが**裁量労働制**です。こうした業務に従事する場合は、**実際に働いた時間にかかわらず、あらかじめ労使協定で定めた時間（通常その業務に必要な時間）働いたものとみなす**という制度です。

例えば、協定で1日8時間と定めた場合は、本人の判断で1日12時間勤務したとしても時間外手当を支払う必要はありません。1日1時間で勤務を終えたとしても8時間労働したものとみなします。1日まったく勤務しなかった場合は欠勤となります。

ただし、休日労働や深夜労働をした場合は、労働に応じた割増賃金が必要です。

導入する場合は、**労使協定を締結し、労基署に届け出る**必要があります。

専門業務型裁量労働制の導入ポイント

対象となるのは19業務のみ

① 新商品、新技術の研究開発
② 情報処理システムの分析、設計（システムエンジニア）
③ 新聞、出版の事業における記事の取材、編集
④ デザインの考案
⑤ 放送番組、映画等の製作プロデューサー、ディレクター
⑥ コピーライター
⑦ システムコンサルタント
⑧ インテリアコーディネーター
⑨ ゲーム用ソフトウェアの創作
⑩ 証券アナリスト
⑪ 金融商品の開発
⑫ 大学における教授研究の業務
⑬ 公認会計士
⑭ 弁護士
⑮ 建築士
⑯ 不動産鑑定士
⑰ 弁理士
⑱ 税理士
⑲ 中小企業診断士

労使協定に定める事項（労基署に届出が必要）

- **協定の有効期間は３年以内が望ましい**
- **制度の対象とする業務、業務遂行の手段や時間配分などの具体的指示をしない旨、労働時間としてみなす時間などを定める**

※労使協定例は厚生労働省ホームページを参照

フレックスタイム制（P.76参照）との違い

- **コアタイムの設定ができない**

➡ 出勤してほしい時間を指定できないので、全員同じ時間帯に顔を合わせられるように出勤してもらうのが困難

- **本人の裁量によるので、１日10時間労働でも１日１時間労働でも本人の自由**

➡ 任せた仕事をきちんと行い、欠勤がなければ、月100時間しか働かなかったとしても賃金控除はできない

- **本人の裁量に任せているので、業務の進め方に対して細かい指示ができない**

第3章 労働時間のルール

12 企画業務型裁量労働制とは？

企画、立案の業務に従事するホワイトカラーの、みなし労働時間制度

会社の本社などの中枢で**企画、立案**などを行っている、経験や知識のあるホワイトカラーの労働者が対象の**裁量労働制**です。専門業務型裁量労働制（78ページ参照）と同様、仕事の進め方、時間配分を本人の裁量に委ねる必要がある場合、**実際に働いた時間にかかわらず、あらかじめ決められた時間働いたものとみなす**という制度です。

この制度は、対象となる業務の範囲が狭く、導入手続きが非常に複雑です。また、6ヵ月以内ごとに1回、労基署へ定期報告も必要なので、大企業では採用することもありますが、**規模が小さい会社ではあまり導入されていません。**

みなし労働時間の考え方、休日、深夜労働をした場合の取り扱いなど、基本的な部分は専門業務型裁量労働制と同じですが、導入方法が異なります。

まず**労使委員会**（次ページ参照）を設置し、**委員の5分の4以上の多数の決議**により詳細を決定します。**決議を労基署に届け出たあと、対象となる労働者個人の同意を得て、**初めて制度を実施することができます。

企画業務型裁量労働制の導入ポイント

対象となる業務

①事業運営上の重要な事項を扱う業務であること
②企画、立案、調査、分析の業務であること
③業務の性質上、業務を遂行するためにはその方法を大幅に本人の裁量に委ねる必要があること
④業務遂行の手段や方法、時間配分について会社が具体的な指示をしない業務であること

導入へのステップ

労使委員会※を設置する
↓
労使委員会で決議する

- 決議の有効期間は３年以内が望ましい
- 労使委員会の委員の５分の４以上で決議
- 決議事項は、対象業務、対象労働者の具体的範囲、労働時間としてみなす時間など

↓
決議を労基署に届け出る
↓
対象労働者の同意を得る
↓
実　施

※労使委員会……事業場の労働条件に関する事項を調査、審議し、事業主に対して当該事項について意見を述べることを目的とする委員会。委員会は会社側と労働者側代表で組織されるが、その半数以上は労働者の代表でなくてはならない。人数についての規定はないが、会社側１名、労働者側１名では認められない

13 事業場外みなし労働時間制とは？

営業や出張などの社外労働のため、労働時間の把握が難しい場合に適用できる

通常、労働者は会社の中で働いているので、実労働時間を把握することができますが、社内におらず、外で働く営業社員や、出張中の労働者は、事業主が**労働時間を把握するのは困難**です。そこで、その日の実労働時間にかかわらず所定労働時間または通常その業務に必要とされる時間、労働したものとみなす、**事業場外みなし労働時間制**があります。

注意点は、この制度が社外で働くすべての営業社員などに適用できるわけではないことです。その日の行動が細かく指示されるなど、使用者からの指揮命令がある場合、労働時間が把握しがたいとはいえないため適用できません。

所定労働時間労働したものとみなす場合は、就業規則などに定めておけばよく、残業手当は必要ありません。所定労働時間を超えて**通常その業務に必要とされる時間労働したものとみなす**場合は、労使協定が必要です。また通常必要とされる時間が法定労働時間（原則1日8時間）を超える場合は労基署に届け出なければなりません。所定労働時間を超える部分は残業手当を支払う必要があります。

事業場外みなし労働時間制が認められないケース

ケース1

何人かのグループで社外の労働に従事する場合で、そのメンバーの中にリーダーなどがいて労働時間の管理ができる場合

ケース2

社外で業務に従事するが、無線や携帯電話などによって随時会社からの指示を受けながら労働している場合

ケース3

会社で訪問先、帰社時刻など当日の業務の具体的指示を受けた後、社外で指示どおりに業務に従事し、その後会社に戻る場合

導入時の注意点

- 出張中の場合も、相手先の会社で朝９時から夜10時まで会議や作業をするというのが明らかな場合などは、事業場外みなし労働時間制は認められない。実労働時間で計算する

- １日分の労働時間をみなしているだけなので、休日に出勤した場合は別途休日出勤した分の割増賃金が必要（深夜の時間帯に勤務した場合も深夜割増手当が必要）

14 残業させるのに必要な36協定とは？

時間外労働をさせるには、36協定を労基署へ届け出る

36（さぶろく）協定は、1日8時間、1週40時間の法定労働時間を超えて、もしくは法定休日に労働させる必要がある場合、労働者と使用者との間で協定し、労基署へ届け出る必要があります。この届出なしに、1分でも時間外労働をさせてしまうと、労働基準法違反となります。対象期間の開始日までに届け出て、労働者に常時掲示もしくは交付して周知します。

この延長できる時間には限度があります。原則は**1カ月45時間、1年360時間**です。しかし、36協定で定めた限度時間をやむを得ず超えるような特別な事情がある場合、「特別条項」の追記により、さらに延長することができます。ただし、**「働き方改革」でこの特別条項での延長時間にも上限が定められました**（82ページ参照）。

この上限規制の適用が猶予される事業・業務は、①建設事業、②自動車運転の業務、③医師、④その他指定事業です。適用が除外されるのは、⑤新技術、商品などの研究開発です。猶予期間中および猶予後の取扱いは事業・業務ごとに別途規定を確認しましょう。

※施行日は「働き方改革」のポイント一覧表（P.6）を参照。

時間外・休日労働に関する協定届の記載例〈新様式〉

※ 2021 年 4 月 1 日より新様式適用

一般に「36協定」という → 時間外労働 休日労働 に関する協定届

様式第 9 号（第 16 条第 1 項関係）

労働保険番号	□□□□□□□□□□□□□□□□□□（都道府県・所掌・管轄・基幹番号・枝番号・被一括事業場番号）
法人番号	□□□□□□□□□□□□□

事業の種類	事業の名称	事業の所在地（電話番号）	協定の有効期間
金属製品製造業	●●金属株式会社〇〇工場	（〒　－　）〇〇市●●町 1-2-3（電話番号：〇〇－〇〇〇〇－〇〇〇〇）	〇年〇月〇日から 1 年間

時間外労働

	時間外労働をさせる必要のある具体的事由	業務の種類	労働者数（満18歳以上の者）	所定労働時間（1日）（任意）	延長することができる時間数 1日 法定労働時間を超える時間数	1日 所定労働時間を超える時間数（任意）	1箇月（①については 45 時間まで、②については 42 時間まで） 法定労働時間を超える時間数	1箇月 所定労働時間を超える時間数（任意）	1年（①については 360 時間まで、②については 320 時間まで） 起算日（年月日） 〇年〇月〇日 法定労働時間を超える時間数	1年 所定労働時間を超える時間数（任意）
① 下記②に該当しない労働者										
② 1年単位の変形労働時間制により労働する労働者		検査	10 人	8 時間	3 時間		45 時			
	月末の決算事務	経理	5 人	8 時間	3 時間		45 時			
	臨時の受注・納期変更	機械組立	10 人	8 時間	3 時間		42 時			

休日労働

休日労働をさせる必要のある具体的事由	業務の種類	労働者数（満18歳以上の者）	所定休日（任意）	労働させることができる法定休日の日数	労働させることができる法定休日における始業及び終業の時刻
臨時の受注・納期変更	機械組立	10 人	毎週土日・祝日	1 カ月に 2 日	9：00 ～ 18：00

上記で定める時間数にかかわらず、時間外労働及び休日労働を合算した時間数は、1 箇月について 100 時間未満でなければならず、かつ 2 箇月から 6 箇月までを平均して 80 時間を超過しないこと。☑（チェックボックスに要チェック）

協定の成立年月日　　年　　月　　日

協定の当事者である労働組合（事業場の労働者の過半数で組織する労働組合）の名称又は労働者の過半数を代表する者の 職名 氏名

協定の当事者（労働者の過半数を代表する者の場合）の選出方法（　投票による選挙　）

上記協定の当事者である労働組合が事業場の全ての労働者の過半数で組織する労働組合である又は上記協定の当事者である労働者の過半数を代表する者が事業場の全ての労働者の過半数を代表する者であること。☑（チェックボックスに要チェック）

上記労働者の過半数を代表する者が、労働基準法第 41 条第 2 号に規定する監督又は管理の地位にある者でなく、かつ、同法に規定する協定等をする者を選出することを明らかにして実施される投票、挙手等の方法による手続により選出された者であつて使用者の意向に基づき選出されたものでないこと。☑（チェックボックスに要チェック）

年　　月　　日

3 ヵ月を超える1年単位の変形労働時間制が適用される労働者については、②の欄に記載

「労働者の過半数を代表する者」は、36協定の締結をする者を選ぶことを明確にした上で投票、挙手等で選出し、選出された方法を記載。使用者による指名や、使用者の意向に基づく選出は認められない。また、管理監督者は労働者代表にはなれない

法定休日のみ（法定外休日は時間外労働に含む）

たとえ特別条項がない場合も、チェックがないと有効な協定届にならない

チェックがないと有効な協定届にならない

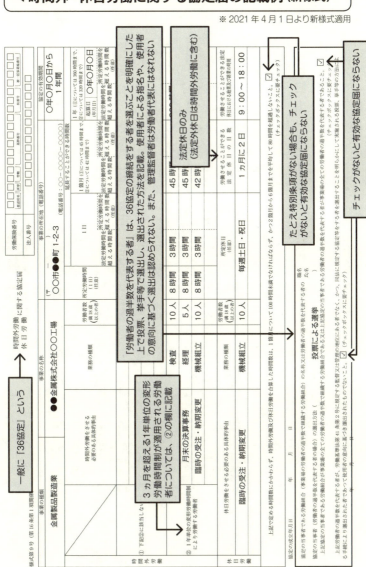

15 ３６協定の特別条項とは？

特別条項付き協定を結べば、限度時間を超えることが可能

「臨時的な特別の事情」により、３６協定で定められた限度時間を超えてさらに時間外労働をさせるためには**「特別条項」を追記**します。また「臨時的な特別の事情」とは、一時的または突発的な場合とされており、例えば決算業務や一定時期に集中する納期のひっ迫など、限定的な理由を定めます。

次に、１年の半分を超えない（年６回以下など）見込回数を定め、最後に、限度時間を超えた延長時間と割増率を定めます。

この延長時間は、時間外労働が年７２０時間以内、時間外労働と休日労働の合計が①月１００時間未満、②２～６ヵ月平均がどの平均期間をとっても月80時間を超えないようにしなければなりません。

３６協定の限度時間を超える勤務は、法律違反になります。違法な長時間労働により管理責任者と会社が送検されたニュースもたびたび報道されています。時間外労働が一定時間になったらアラートが出るような管理システムの導入も考えると良いでしょう。

特別条項付き　時間外・休日労働に関する協定届の記載例〈新様式〉

※ 2021年4月1日より新様式適用

様式第9号の

一般に「36協定の特別条項」という → 時間外労働・休日労働に関する協定届（特別条項）

1年の時間外労働（休日労働を含まない）の時間数を定める。年720時間以内に限る

金属製品製造業 臨時的に限度時間を超えて労働させることができる場合	業務の種類	労働者数（満18歳以上の者）	1日（任意） 延長することができる時間数 法定労働時間を超える時間数	所定労働時間を超える時間数（任意）	1箇月（時間外労働及び休日労働を合算した時間数。100時間未満に限る。） 限度時間を超えて労働させることができる回数（6回以内に限る。）	延長することができる時間数及び休日労働の時間数 法定労働時間を超える時間数と休日労働の時間数を合算した時間数	所定労働時間を超える時間数と休日労働の時間数を合算した時間数（任意）	限度時間を超えた労働に係る割増賃金率	1年（時間外労働のみの時間数。720時間以内に限る。）起算日（発効日）○年○月○日 延長することができる時間数 法定労働時間を超える時間数	所定労働時間を超える時間数（任意）	限度時間を超えた労働に係る割増賃金率
製品トラブル・大規模なクレームへの対応	検査	10人	6時間	6．5時間	6回	75時間		25%	720時間		25%
機械トラブルへの対応	機械組立	10人	6時間	6．5時間	6回	75時間		25%	720時間		25%

1年の半分を超えない見込み回数を定める。決算であれば年1回、ボーナス商戦の繁忙であれば年2回などを目安に設定（最大年6回まで）

1ヵ月の時間外労働と休日労働の合計時間数を定める。100時間未満に限る

中小企業の場合は、1ヵ月60時間を超えても当分の間、同じ割増率（25%）で良いとされているが、大企業の場合は1ヵ月60時間を超えると50%の割増率となるので注意

限度時間を超えて労働させる場合における手続	労働者代表者に対する事前申し入れ
限度時間を超えて労働させる労働者に対する健康及び福祉を確保するための措置	（該当する番号）①　③　⑩　（具体的内容）対象労働者への医師による面接指導の実施、対象労働者に11時間の勤務間インターバルを設定、職場での時短対策会議の開催

上記で定める時間数にかかわらず、時間外労働及び休日労働を合算した時間数は、1箇月について100時間未満でなければならず、かつ2箇月から6箇月までを平均して80時間を超過しないこと。☑
（チェックボックスに要チェック）

協定の成立年月日　　年　　月　　日

協定の当事者である労働組合（事業場の労働者の過半数で組織する労働組合）の名称又は労働者の過半数を代表する者の　職名　氏名

協定の当事者（労働者の過半数を代表する者の場合）の選出方法（　投票による選挙　）

上記協定の当事者である労働組合が事業場の全ての労働者の過半数で組織する労働組合である又は上記協定の当事者である労働者の過半数を代表する者が事業場の全ての労働者の過半数を代表する者であること。☑
（チェックボックスに要チェック）

上記労働者の過半数を代表する者が、労働基準法第41条第2号に規定する監督又は管理の地位にある者でなく、かつ、同法に規定する協定等をする者を選出することを明らかにして実施される投票、挙手等の方法による手続により選出された者であつて使用者の意向に基づき選出されたものでないこと。☑（チェックボックスに要チェック）

年　　月　　日

チェックがないと有効な協定届にならない

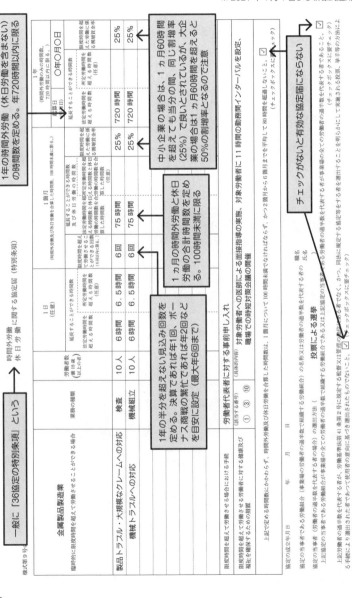

●36協定の特別条項の上限時間のカウント方法

３６協定で定める時間外労働時間とは、法定労働時間を超えた時間数です。例えば、所定労働時間が1日7時間の場合、所定労働時間を超えた時間数ではなく、法定労働時間8時間を超えた時間数が何時間までなのか定めます。

また、３６協定で休日労働とは、法定休日の労働を指します。土日休みの会社の場合、土日どちらかが所定休日、もう一方が法定休日です。特別条項なしの３６協定での時間外労働目安時間45時間には法定休日労働は含めません。しかし、特別条項の１ヵ月の上限時間は時間外労働と法定休日労働を合算して定め、１年の上限時間は時間外労働時間のみで法定休日労働は含めないので注意が必要です。

また、１ヵ月を超えるフレックスタイム制の場合は特別の定めがあります。清算期間中各月の残業時間が清算期間の最終月に合計してカウントされるため、３６協定の上限時間を超えやすく、注意が必要です（77ページ参照）。導入する場合は、厚生労働省発行のパンフレット『フレックスタイム制のわかりやすい解説&導入の手引き』などで確認しましょう。

第4章

残業時間、割増賃金のルール

1 割増賃金とは？

法定労働時間を超えれば25％以上の割増率だが、法定内は割増なしでOK

時間外の勤務をさせたときは**割増賃金**が必要ですが、**割増率**は**法定超**と**所定超法定内**とで異なります。例えば週休2日制の会社は、原則1日の**法定労働時間**は8時間です。もし1日の所定労働時間が7時間の場合、残業1時間までは法定時間内の残業となります。そのため割増は不要となり、1時間分の時間単価のみ発生します。そして法定労働時間を超えたときは**割増率25％以上の時間外割増**が必要です。さらに、この法定時間外労働が1ヵ月の間60時間を超える場合は割増率50％以上の時間外割増となります（当分の間、一定の中小企業に関しては適用されません）。ポイントは、雇用契約書などに法定超と所定超法定内とで**割増率を区別して明記する**ことです。「残業手当25％増」とだけ明記されているのであれば、法定時間内の残業でも25％増で支払わなければなりません。また**休日勤務も法定休日と法定外休日とで割増率が異なります**（次ページ参照）。**深夜の割増賃金**も忘れないようにしましょう。午後10時から午前5時までの間の勤務は割増率25％以上となります。

割増賃金の種類と割増率

労働時間の種類		割増率	
時間外	所定超法定内（所定労働時間以上１日8時間以内）の労働	0%でも可	
	法定超（原則１日８時間超）の労働	**25%**以上	
	時間外労働が１ヵ月の間60時間を超えた場合※	中小企業 **25%**以上	大企業 **50%**以上
休　日	法定外休日（１週間40時間以内）の労働	0%でも可	
	法定外休日（１週間40時間超）の労働	**25%**以上	
	法定休日（原則週１日）の労働	**35%**以上	
深　夜	午後10時から午前5時までの間の労働	**25%**以上	

※平成22年４月の法改正により、時間外労働が１ヵ月の間60時間を超える時間外労働について割増率50%以上の時間外の割増賃金が発生する。ただし、この内容は令和１年時点で中小企業に対して当分の間猶予されている。該当する大企業のみ適用。2023年4月1日から中小企業に対する猶予が廃止され、50%以上の割増賃金が必要となる。

割増賃金の算出例

・1時間あたりの時間単価…1,500円
・時間外（法定超）…………25時間（うち深夜労働１時間）
・休日労働（法定休日）……８時間

［この場合の時間外手当の算出方法は…］

時間外（法定超）分………時間単価1,500円×割増率1.25×25時間＝46,875円
深夜労働分………………時間単価1,500円×割増率0.25×１時間＝375円
休日労働（法定休日）分…時間単価1,500円×割増率1.35×８時間＝16,200円

2 割増賃金の計算方法は？

基本給だけでなく、諸手当も含めて時間単価を計算する

割増賃金は、**1時間あたりの時間単価に割増率と割増時間を掛けて算出**します。

月給者の場合、この1時間あたりの時間単価は、**割増賃金の基礎となる賃金を1ヵ月の平均所定労働時間で割る**ことで算出されます。**割増賃金の基礎となる賃金**とは、基本給だけでなく原則、役職手当などその他手当もすべて含めて考えます。割増賃金の基礎となる賃金に算入しなくてもよい手当もありますが、その手当は家族手当、通勤手当など厚生労働省令で定められたもののみです。なお、割増賃金の基礎となる賃金に算入しなくてもよい手当は、個人的事情により支給金額が変わるもの、ということが原則になりますので、例えば「住宅手当、全員一律2万円支給」という同じ額で支給されているような手当は該当しません。次に**1ヵ月の平均所定労働時間**ですが、これは会社により異なり、会社の年間総労働時間（年間所定労働日数に1日の所定労働時間を掛ける）を12ヵ月で割って算出します。これらから1時間あたりの時間単価を割り出し、割増率、割増時間を掛けて割増賃金を計算します。

割増賃金の算出式

割増賃金

＝1時間あたりの時間単価×割増率×割増時間

●月給者の1時間あたりの時間単価の出し方

1時間あたりの賃金 ＝月給÷1年間における1ヵ月平均所定労働時間

〈月給→割増賃金の基礎となる賃金＝基本給＋諸手当〉

〈1ヵ月平均所定労働時間の計算例〉

年間休日120日、1日所定労働時間8時間の場合…

年間所定労働日数(365−120)日×1日の所定労働8時間÷12ヵ月

＝163.33…

(この場合、労働者に有利となるよう単価を上げるため、月平均所定労働時間を163時間としてもよい)

●日給者の1時間あたりの時間単価の出し方

1時間あたりの賃金 ＝日給÷1日の所定労働時間

●割増賃金の基礎となる賃金に算入しなくてもよい手当

- 家族手当、扶養手当、子女教育手当※
- 通勤手当※
- 別居手当、単身赴任手当
- 住宅手当※
- 臨時の手当(結婚祝金など)
- 1ヵ月を超える期間ごとに支払われる賃金

①※の手当に関しては扶養家族の人数や交通費、家賃などに比例して支給していることが必要。条件によらず社員全員一律で支給されている場合などは時間単価の計算に入れる

②上記の手当は名称によらず、実態により判断される

3 残業手当の必要がない役職者とは？

課長や店長でも「名ばかり管理職」は残業手当が必要

残業や休日割増賃金を支払う必要のない役職者は**管理監督者**にあたる人です（ただし深夜割増と年次有給休暇に関しては適用対象）。

この管理監督者ですが、単に役職名だけでなく、**実態を見て**管理監督者にあてはまるかどうか判断されます。この判断基準はとてもハードルが高くなっています。例えば、飲食店の店長や地方金融機関の支店長代理が「自分は管理監督者ではない」と訴え、それが認められたケースもあります。

というのも、管理監督者の判断基準として、出退勤の自由や、事業主と同じような権限や責任を持って仕事をしていたり、給与などの待遇が他の労働者より優遇されていたりということが必要なのですが、小さい会社の役職者というと一般の労働者と変わらない場合がほとんどなので、それに合致するような条件で勤務していること自体がまれです。そのため、いざ争われたときに役職名と実態とが合致せず、**名ばかり管理職**ということで否認され、未払い残業を支払わなければならないことがよくあります。

労働時間、休憩、休日の規定が適用されない管理監督者の判断基準

判断基準 1

経営者と一体的な立場となり、管理監督、指揮命令にかかわる一定の権限を委ねられている

➡ 単なる事業場の管理者にすぎず、上司の命令を部下に伝達管理しているだけでは管理監督者とはいえない

判断基準 2

出勤、退勤に関して厳格な制限を受けておらず、ある程度自らの裁量に任せられている

➡ 一般従業員のように遅刻早退をした場合に給与が減額されるなどの措置があるのであれば、勤務時間の制限のない管理監督者とはいえない

判断基準 3

管理監督者として一般社員と比べて賃金などの待遇が優遇されている

➡ 一般社員と異なり重要な職務についているが、その地位、待遇が一般社員と変わらないのであれば、管理監督者とはいえない

〈労働時間、休憩、休日の規定が適用されない者〉

- 機密の事務を取り扱う者（取締役などの行動時間に合わせて、やむを得ず時間外労働する秘書など）
- 農業、畜産業、養蚕業、水産業に従事する者
- 監視または断続的労働に従事する者で労基署長の許可を受けた者（身体、精神の疲労の少ない業務や実労働の少ない業務）

※「働き方改革」によって、管理監督者も労働時間の状況を客観的な方法その他適切な方法で把握することの指導が強化された。

4 固定（定額）残業制とは？

残業手当を固定で支給することで、残業の未払いとならない方法

労働者を雇い入れるとき、例えば「月給25万円で残業手当込み」と給与を提示する会社があります。しかし労基法では、単純に「月給25万円で残業手当込み」ということだけでは残業込みの賃金は認められません。労働者がたとえ納得したとしても、そのような場合は残業手当を別途支給しなくてはなりません。

ただし、きちんと手順を踏めば残業手当を別途定額で支給するという**固定残業制**をとることができます。その場合、**就業規則**や**雇用契約書**などに「固定の残業手当」が残業手当の定額払いである旨や、何時間分の固定残業となるのかその時間数などを明記することが必要です。また、固定の残業時間を超える残業をした場合は、**その超過分を別途支払うことが必要**なので、そのことも明記します。その他に固定残業手当がいくらなのかを、雇用契約書や給与明細上、基本給などと分けて明示する必要もあります。

なお、例えば固定残業手当が残業20時間分と定めたときに、その月の実際の残業が1時間だったとしても、翌月に残りの19時間分を繰り越すことはできません。

固定残業制を導入する場合としない場合の比較

※1ヵ月平均所定労働時間＝163時間の場合（会社の所定労働日数、所定労働時間により異なる）

固定残業制を導入しない場合

〈例〉基本給25万円のみ支給

時間単価 ▶ 1,534円

残業20時間していた場合、基本給250,000円のほかに、残業手当38,350円（1,534円×1.25×20時間）を払う必要がある

➡ **別途残業代の支払いが発生！**

固定残業制を導入する場合

〈例〉月給25万円のうち残業20時間分が含まれているケース。
基本給216,000円、固定残業手当34,000円に分けて支給

時間単価 ▶ 1,326円

月給25万円の中に残業20時間分が含まれている

➡ **残業20時間以内なら別途残業代不要。基本給のみの場合より単価も下がる！**

固定残業制は、細かい点まで定めておかないと認められません。導入の際は社会保険労務士などに相談を！

5 年俸制では割増賃金はいらない？

年俸制でも割増賃金は必要。賞与分が割増賃金の基礎となる賃金になることも

年俸制にすれば、割増賃金も含まれるかというと、労基法では年俸制の場合であっても**別途割増賃金の支払いが必要**です。年俸の中に割増賃金を含んでいることにするなら、**固定残業制**（96ページ参照）を導入することになります。

また年俸に含まれる賞与分も注意が必要です。よく年俸額を14とか16で割って月々の支給分以外を賞与の時期に支給することがあります。通達で年俸制の場合、毎月払いの分と賞与分を合算した年俸額があらかじめ確定しているときは、**賞与分を含めた年俸額から割増賃金の基礎となる賃金を算出する**ことに決まっています。つまり年俸額を12で割ったもので割増賃金の基礎単価を計算することになるので、年俸制の人の年収と年俸制以外の人の年収が同じ金額だとしても、年俸制の人のほうが1時間あたりの割増賃金の基礎単価が高くなります。このような理由で年俸制は残業手当の必要のない管理監督者（94ページ参照）以外にはあまりおすすめできません。

年俸制での割増賃金の基礎となる賃金

(例) 年俸：560万円の場合

- 年俸の1/14(40万円)を毎月支給し、残りの1/14ずつを夏と冬の賞与の時期に支給

この場合の割増賃金の基礎となる賃金は？

- 年俸560万円を12で割って計算する

➡ **割増賃金の基礎となる賃金は約46.6万円となる**

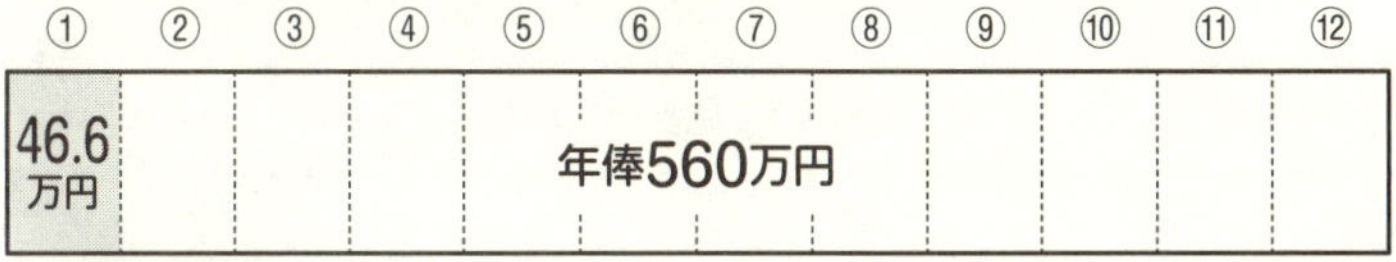

参考

同じ年収560万円でも、年俸制ではなく、月給40万円、賞与（夏・冬）40万円の場合

➡ **割増賃金の基礎となる賃金は、毎月の給与40万円となる**

Column

割増時間のカウント方法は？

残業などの割増時間の集計の方法は、原則、日々1分単位で計算していかなければなりません。例えば日々の残業時間を「30分未満は切り捨て」などというように労働者に不利になるような計算方法は認められません。

ただし、労働者が有利となるように「残業17分働いた分を30分とみなす」とするなど、端数を切り上げる方法は認められています。1ヵ月の労働時間を集計したときに30分未満の端数が出た場合は切り捨て、30分以上の端数を1時間に切り上げて計算することは認められています。

このカウント方法を間違えて、気がつかないうちに未払い残業が発生している会社がかなりあるので注意しましょう。

タイムカードでの残業端数時間のカウント例

タイムカード
○○年　4月

	1欄	2欄	3欄	4欄	小計
	出勤	退出	時間外		
1	9:00	19:13	1:13		
2	9:00	19:33	1:33		
30	9:00	19:16	1:16		
計			25:18		

日々のカウントは切り捨てない！

1ヵ月の残業合計が「25:18」だった場合、30分未満の端数が出た場合は切り捨て、30分以上の端数は切り上げとすることはできるので、18分は切り捨てて「25時間分の残業時間」となる

※タイムカードやパソコンのログの記録などによる客観的・その他の適切な方法による労働時間の把握、これに基づく労働時間の状況の記録の作成・3年間保存義務があり！

第5章

賃金のルール

1 賃金とは？

賃金には、支払いのルール（賃金支払い5原則）がある

基本給、割増賃金、家族手当や住宅手当などの諸手当、賞与など、**労働の対償として労働者に支払うすべてのものが賃金**となります。

では、退職金（手当）や結婚祝い金、死亡弔慰金、見舞い金は賃金といえるでしょうか？

就業規則などで支給条件が明確になっている場合は、これらも**賃金**となります。逆に、就業規則などで「どんな場面で、誰に、いくら支給する」と明らかにしていない場合は、原則、労基法上では賃金にはなりません。

そして賃金とは、お金で支払われるものだけを指すのではありません。実際のもので支給されるものでも、支給要件が就業規則などで明確にされている場合などは賃金とみなすことがあります（**実物給与**）。例えば、通勤定期券の支給などです。

賃金とみなされたものは、法律による支払いの義務が生じます。労基法には**賃金支払い5原則**があり、事業主は賃金を①**通貨で**、②**直接**、③**全額を**、④**毎月1回以上**、⑤**一定の期日に**、労働者に支払わなければなりません。

賃金支払い5原則とは

① 通貨払い	法令や労働協約で定めている場合（通勤定期券の支給など）や、銀行振り込みなど（本人の同意が必要）は、通貨以外で支払うことができる
② 直接払い	家族や弁護士などの代理人、債権者に支払うことはできない。ただし例えば本人が病気療養中に家族などの使者に支払うことはできる
③ 全額払い	法令に定めがあるもの（所得税、住民税、社会保険料など）や、労使協定に定めがあるもの（寮費、組合費など）は控除できる
④ 毎月1回以上	たとえ年俸制であっても必ず月に1回以上は賃金を支払わなければならない
⑤ 一定の期日	「毎月25日」など支払い日を明確にする。振り込みによる支払いで銀行休業日に重なった場合は、その前後に支払ってもよい（就業規則などにその旨を定めておく）

賃金となる	• 通勤手当（定期券含む） • 休業手当（事業主都合による休業）　など
賃金とならない	• 出張旅費 • 休業補償（業務災害による最初の休業3日分など） • 制服、作業衣（原則）　など

2 最低賃金とは？

最低賃金を下回る賃金は無効となり、50万円以下の罰金が科されることも

近年、**最低賃金は年々上昇**しています。景気が悪く、全般的に賃金が下がっている時期でも、最低賃金は上昇しています。なぜなら、最低賃金は政治的な要因で決められるからです。

最低賃金には2種類あります。都道府県ごとに決められた**地域別最低賃金**と**特定（産業別）最低賃金**です。どちらも**時給**で見ます。**地域別最低賃金**は、すべての労働者の賃金の最低ラインを保障するセーフティネットとして、正社員、パートタイマー、アルバイト、嘱託などの雇用形態を問わず適用されます。**特定（産業別）最低賃金**は、産業ごとに賃金の最低ラインを保障するものです。地域別最低賃金と特定（産業別）最低賃金の両方が適用される場合は、高いほうの最低賃金額以上の支払いが必要です。

たとえ最低賃金を下回る賃金（時給）を労働者と事業主双方が同意して決めたとしても、それは無効となり、事業主は**最低賃金以上の賃金を支払わなければなりません**。これを守らない場合は、50万円以下の罰金が科されることもあります。

最低賃金を確認しよう

月給制の最低賃金のチェック方法

月給額÷1ヵ月平均所定労働時間≧最低賃金

［例］
・東京都の最低賃金：1,013円（2021年4月1日現在）
・年間所定労働日数：240日
・1日の所定労働時間：8時間
・月給総額：220,000円
（内訳：基本給170,000円、役職手当：10,000円、精皆勤手当：10,000円
家族手当：10,000円、通勤手当：20,000円）

①1ヵ月平均所定労働時間を求めると…
➡1ヵ月平均所定労働時間＝240日×8時間÷12ヵ月＝160時間
②最低賃金の対象とならない精皆勤手当、家族手当、通勤手当を除くと…
➡月給額は180,000円
③上記の計算式に当てはめて最低賃金と比較すると…
➡180,000円÷160時間＝1,125円≧東京都最低賃金1,013円

最低賃金ＯＫ！

パート、アルバイトの時給を最低賃金にしている会社は、毎年の改定に注意が必要！

➡ 最低賃金は通常10月頃に改定されるので忘れずに労働局のHPなどでチェックする。ただし特定（産業別）最低賃金は10月～翌年2月頃に改定される

●最低賃金の対象から外れるもの

- 臨時に支払われる賃金（結婚手当など）
- 1ヵ月を超える期間ごとに支払われる賃金（賞与など）
- 時間外割増賃金、休日割増賃金、深夜割増賃金
- 精皆勤手当、通勤手当、家族手当

3 休業手当とは？

事業主都合の休業をする場合は、平均賃金の6割を支払う

休業手当とは、事業主の都合によって休業せざるを得ない場合に、その休業期間中の**労働者の生活を最低限保障するために支払うもの**です。

事業主の都合による休業とは、資金難など**経営面での不況や材料不足などによる休業、採用内定者の入社日以降の自宅待機**などです。事業主都合により労働者を休業させた場合は、**平均賃金**（108ページ参照）**の6割**を**休業手当**として支払わなければなりません。

逆に、**天災事変など**の不可抗力により、やむを得ず事業を休業せざるを得ない場合は、休業手当を支払う必要はありませんが、これは特別な場合に限られ簡単には認められません。休業をする場合は、労働者とのトラブルを避けるためにも、休業手当の支払い義務について労基署に確認するようにしましょう。

また、経済上の理由により、事業活動の縮小を余儀なくされて休業した場合は、休業手当や賃金の一部を補助するための**助成金**が雇用保険から支給されることがありますので、ハローワークに問い合わせてみるとよいでしょう。

事業主都合の休業とは

- 材料不足、販売不振による休業
- 景気動向を理由とした休業
- 事業場内で発生した火事による休業　など

（上記の理由などで採用内定者を自宅待機させた場合も含む）

➡ **休業手当の支払いが必要！**

東日本大震災のときの休業は事業主都合になるか？

地震や津波により事業場が**直接的な被害**を受けた結果の休業は、天災事変などによる休業とみなされ、休業手当の支払いは不要。しかし、事業場が直接的な被害を受けていない場合の休業は事業主都合の休業と判断され、休業手当の支払いが必要。ただし、計画停電実施時間帯に休業した部分については休業手当は不要

1日の一部について休業した場合の休業手当

（例）1日あたりの平均賃金が6,000円の労働者（時給1,000円）を、所定労働時間8時間のうち5時間休業させた場合

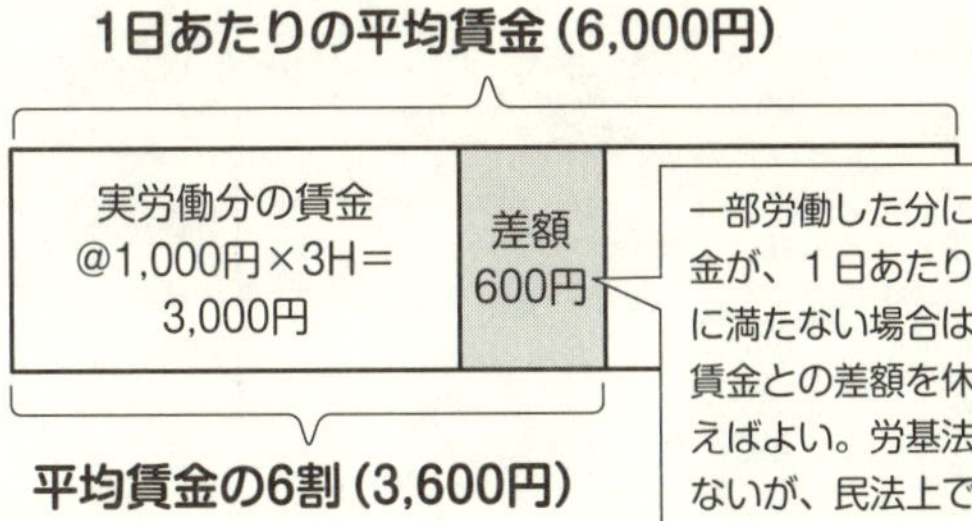

一部労働した分について支払った賃金が、1日あたりの平均賃金の6割に満たない場合は、実際に支払った賃金との差額を休業手当として支払えばよい。労基法上ではこれで問題ないが、民法上で残りの部分について請求される可能性もある

4 平均賃金とは？

3ヵ月間に支払われた賃金総額を、その期間の総日数で割って算出

平均賃金が必要になるのは、解雇予告手当を支払うとき、休業手当を支払うとき、業務災害の補償をするとき、年次有給休暇中の賃金を算定するときなどです。平均賃金を求める必要が生じた日を**算定事由発生日**といい、次のような方法で計算します。

① **算定事由発生日前3ヵ月を確定する**……算定事由発生日は含めません。賃金締日がある場合は、直前の賃金締日から前3ヵ月とします。

② **その期間の総日数を求める**……総日数とは暦の日数を指すので、カレンダーで①の期間内の日数を数えます。

③ **3ヵ月間に支払った賃金の総計を求める**……臨時払いの賃金、3ヵ月を超える期間ごとに支払う賃金などは含みません。

④ **前記③の賃金の総計を②の総日数で割る**

時給や出来高制などの場合は最低保障額があり、右の方法で計算した平均賃金と比べて高いほうを適用します。

平均賃金の計算方法

- 臨時に支払われた賃金
- 賞与などの３ヵ月を超える期間ごとに支払われる賃金
- 法令や労働協約に定めがない実物給与

平均賃金 ＝ （算定事由発生日前３ヵ月間の賃金総額※ － 賃金A － 期間Bの賃金） ÷ （３ヵ月間の総日数 － 期間Bの日数）

※賃金締日がある場合は賃金締日前３ヵ月間の賃金総額となる

- 産前産後の休業、事業主都合の休業、育児休業、介護休業、業務上負傷し療養のために休業した期間
- 試用期間　など

計算例

2/20に発生した労災事故について平均賃金を求める場合

① 毎月の賃金締日が15日の会社 ➡ **11/16 ～ 2/15の３ヵ月間**

② 上記①の３ヵ月間の総日数をカレンダーで数える ➡ **92日**

③ 上記①の３ヵ月間に試用期間が２週間（14日間）ある場合その日数を除く ➡ **92日－14日＝78日**

④ 仮に上記①の３ヵ月間の賃金総額70万円のうち冬季賞与が５万円、試用期間中の賃金10万円の場合それらの金額を除く ➡ **70万円－5万円－10万円＝55万円**

⑤ 55万円÷78日＝7,051.28205…
➡ **平均賃金は7,051円28銭**（銭未満切り捨て）となる

平均賃金の最低保障額

① 日給・時給・出来高給・請負制の場合　（３ヵ月間の賃金総額 ÷ ３ヵ月間の労働日数）×60％

② 賃金の一部が月給・週給の場合　（３ヵ月間の月給・週給の総額 ÷ ３ヵ月間の総日数）＋①の額

5 賞与、退職金は必ず支払わなければならないか？

労基法では定めがない。事業主の判断で慎重に決定する

実は**労基法には、賞与と退職金を支払う定めはありません**。定めがないということは、支給する必要はないということで、**支給するかどうかは事業主の判断に委ねられています**。また、その額についても事業主が自由に決めてよいものです。

ただし、就業規則などで支給要件を明確に定めている（相対的記載事項、198ページ参照）場合は、その支給要件に沿った金額を支払わなければなりません。ここで注意したいのは、たとえ就業規則に定めがなくても、賞与や退職金を慣例として支払っている場合は、**慣習法により賃金とみなされる**という点です。このような慣例のある会社では、就業規則などに定めがないからといって、突然支給をやめることはできません。

日本では多くの企業で夏と冬に賞与が支給されているので、自分の会社では支給されないとなると労働者が不満に感じることがあります。事業主が自由に設定できるものだからこそ、労働者のモチベーションを上げるような工夫をするとよいでしょう。

賞与の算定方法

**賞与の算定方法は、事業主が自由に設定できる
基本給に必ずしも連動させる必要はない**

例

給与と連動させる	〈基本給〉×〈○ヵ月〉×〈出勤率〉
一律の金額を支給する	全員に一律10万円を支給
一定の基準を設ける	〈売上1件あたりの単価〉×〈件数〉

就業規則で賞与を定める例

（賞与）
第○条
賞与は会社の業績に応じ、7月及び12月に支給する。ただし、会社の業績、社会情勢、個人の勤務成績等によっては賞与を支給しないことがある。

（賞与の算定期間）
第○条
7月賞与の算定期間は、前年12月1日から当年5月31日までとし、12月賞与の算定期間は、当年6月1日から11月30日までとする。

（賞与の算定）
第○条
賞与は当該算定期間における会社の業績、社員の勤務成績及び出勤率を勘案して算定するものとし、支給額はそのつど決定する。

（賞与受給資格）
第○条
支給日に在籍しない者には支給しない。

6

昇給の定めはどうする？

労基法では「昇給しなければならない」という定めはない

今日では高度成長期と違い、労働者全員の給与を毎年必ず昇給させるのは難しい状況です。その反面、中小企業の場合は、労働者のモチベーションを考えて少しでも昇給させないと人材確保が難しい現実もあります。毎年バランスを考えて決定しましょう。

昇給の時期については、会社で自由に決められます。例えば、全体に4月や決算期、個人ごとに入社日ベースで時期を定める場合もあります。また、昇給の時期が決まってなく、会社の業績や個人の勤務成績などによって随時昇給する場合もあります。いずれにしても、会社ごとの定めを就業規則に明示します。

気をつけなくてはいけないのは、**就業規則**で「昇給」という項目がある場合です。例えば、毎年昇給するような定めがある場合は、定期的に昇給しなければなりません。現在は「**給与改定**」として「上がる場合も、下がる場合もある」と定める会社が多くなりました。しかし、**一度上げた給与は簡単に下げられません**。給与を上げ下げするよりは、その分を評価によって賞与で調整するほうがおすすめです。

就業規則で昇給、給与改定を定める例

昇給を定める例 〈定期昇給ありのパターン〉

第4章　昇給

（昇給の時期）
第21条　昇給は毎年10月に行う。

（昇給の基準）
第22条　昇給は、勤続年数及び過去1年の能力、勤務成績に応じて行う。（別表　勤続給表参照）

給与改定を定める例 〈定期昇給が定まっていないパターン〉

第4章　給与改定

（給与改定の時期）
第21条　給与改定は、原則、毎年10月に行う。ただし、会社の経営状態、経済状態の変動及び個人の成績により改定しない場合がある。

（改定の基準）
第22条　改定額は、能力、勤務成績、勤怠実績、勤務態度、その他に応じて決定する。

7 同一労働同一賃金とは？

正社員と非正規社員の間の不合理な待遇差は禁止

同じ企業で働く、正社員（無期雇用フルタイム労働者）と非正規社員（パートタイム・有期雇用・派遣労働者）との間で、**あらゆる待遇について不合理な差を設けることが禁止**となります。考え方の基準は主に**「均等待遇規定」と「均衡待遇規定」**の2つです。

均等待遇規定とは、正社員と非正規社員が全く同じ業務の内容・責任の程度であり、職務の内容・配置の変更等も同じであれば、**同じ待遇をする**ことです。しかし、正社員と非正規社員等では業務内容等が違うことがよくあります。その場合、**違いに応じた範囲内でバランスを取った待遇を決定する**ことが均衡待遇規定です。厚生労働省のガイドラインでは、わかりやすい具体例が示されています。例えば、福利厚生面では食堂・休憩室等について正社員が利用している場合は非正規社員にも利用の機会を与えること、賃金面では精皆勤手当は同一の業務内容の場合は同様の手当を支給することなどです。

また、非正規社員から正社員との待遇差の内容やその理由等を求められた時の説明義務も強化されます。いつでも明確に説明できるよう待遇等を見直しておくことが大切です。

「同一労働同一賃金ガイドライン*」の概要

* 正式名称：厚生労働省「短時間・有期雇用労働者及び派遣労働者に対する不合理な待遇の禁止等に関する指針」

基本給

労働者の①能力または経験に応じて、②業績または成果に応じて、③勤続年数に応じて、支給する場合は、①、②、③に応じた部分について同一であれば同一の支給を求め、一定の違いがあった場合には、その相違に応じた支給を求めている。

役職手当等

労働者の役職の内容に対して支給するものについては、正社員と同一の役職に就くパートタイム労働者・有期雇用労働者には同一の支給をしなければならない。また、役職の内容に一定の違いがある場合においては、その相違に応じた支給をしなければならない。

通勤手当等

パートタイム労働者・有期雇用労働者には正社員と同一の支給をしなければならない。

賞 与

会社の業績への労働者の貢献に応じて支給するものについては、正社員と同一の貢献であるパートタイム労働者・有期雇用労働者には、貢献に応じた部分につき、同一の支給をしなければならない。また、貢献に一定の違いがある場合においては、その相違に応じた支給をしなければならない。

家族手当・住宅手当等

家族手当・住宅手当等はガイドラインには示されていないが、均衡・均等待遇の対象となっており、各社の労使で個別具体の事情に応じて議論していくことが望まれる。

※派遣労働者は別途定めあり。P.6の表を参照。

Column

給与を下げられるか？

給与は、労働条件の中でも特に重要な項目です。原則的に、本人の同意があれば最低賃金までは下げられます。しかし実際には、同意を得ることは難しく、一方的に事業主が給与を下げると、不利益変更として争われた場合に負ける可能性が高いので、できるだけ個別同意を文書でとるようにしましょう。

給与を下げるには合理的な根拠が必要です。例えば、営業職などの場合は、雇用契約の段階で「○○（数値）の成績で、○○（金額）」など、昇降の基準をはっきりと数値化しておくとよいでしょう。数値化できない基準などの場合は、例えば能力不足を理由として会社が給与を下げる判断をしても、判断基準に客観性がないため、裁判などで争われると認められるのは難しくなります。

また、就業規則に給与を下げる旨の定めがあるか（昇給制度の定めのみの会社があるので注意）、それが社会通念上妥当か、合理的な範囲の額か、事前に説明を十分にしたか、周知期間を十分においたか、同種事項に関する日本の一般的状況も重要なポイントとなります。

経営状況が悪化し、事業主が整理解雇回避のため高度な合理的理由で労働者全員の賃金カットをする場合も同様に、就業規則に定めが必要です。実際にカットする際は、給与の低い労働者には生活が困難になる人も出るため、例えば一律に管理職は8％、一般職は5％カットのように差を設ける考慮が必要です。

第6章

年次有給休暇、法定休暇のルール

1

年次有給休暇とは？

雇入れから6ヵ月後、8割以上の出勤で年次有給休暇を付与

年次有給休暇は、労働者を雇い入れた日から**6ヵ月間継続勤務**し、その間の**出勤率が8割以上**の者に対して、正社員なら通常**10日間付与**され、それ以後は勤続年数に応じて次ページの表のように付与日数が増えていきます。

半日単位の年次有給休暇も、労働者が希望し、事業主が同意した場合であれば**認められます**。また1年に5日分は時間単位で与えることもできます。ただし時間単位の場合は**労使協定が必要**です。注意点は、例えば半日単位で与えた場合、年次有給休暇が20日間ある人は、40日分の半休を取得できてしまうことになります。業務に支障が出る可能性が高いので、半日単位の付与日数もある程度限定したほうがよいでしょう。

年次有給休暇の時効は**2年**です。この年次有給休暇は労働者が希望する日にとらせる必要がありますが、事業の正常な運営を妨げる場合は別の日にとらせるように求めることができます。これを**時季変更権**（127ページ参照）といいます。ただし、これはよほどの理由でなければ変更することはできません。

正社員の年次有給休暇

付与する日数

➡ 雇入れから6ヵ月を経過した日に
10日の年次有給休暇を付与

➡ その後1年を経過するごとに、
勤続年数に応じて日数を加算

（正社員と週所定労働時間が30時間以上の労働者）

勤続期間	6ヵ月	1年6ヵ月	2年6ヵ月	3年6ヵ月	4年6ヵ月	5年6ヵ月	6年6ヵ月以上
付与日数	10日	11日	12日	14日	16日	18日	20日

！ 年次有給休暇を付与する付与日は、労基法上は雇い入れた日から6ヵ月後となる。労働者の付与日を一律に決めて一斉付与（例：4月1日に全員付与）する方法もあるが、この場合、毎年、付与日が法定より前倒しされるなど、結果的に年次有給休暇を法定日数より多く与える必要がある

！ 年次有給休暇は原則買い取り不可。ただし例外あり（P.127参照）

年次有給休暇の賃金計算方法

賃金は次の3つのうち、どれかを選んで就業規則などで定める

①平均賃金……過去3ヵ月における1日あたりの賃金（P.108参照）

②通常の賃金……所定労働時間、労働した場合に支払われる通常の賃金

③標準報酬日額……健康保険法の標準報酬日額（労使協定が必要）

！ 正社員の場合、②がほとんどで、③はめったに使われない

2 パートタイマー、アルバイトの年次有給休暇とは？

1週間に1日勤務でも、所定労働日数に応じて付与しなければならない

短時間のパートタイマー、アルバイトでも、所定労働日数に応じて**年次有給休暇を与えなくてはなりません**。ルールとしては正社員と同じですが（118ページ参照）、**付与日数は所定労働日数に比例して変わります**。具体的には次ページの表のとおりです。

ここで難しいのは、年次有給休暇を取得した日に対して、いくら支払うかです。普通、正社員は通常の賃金を支払います。つまり、休んでもその月の給与は減りません。ただしパートタイマー、アルバイトは時間給で、また曜日ごとに就業時間が違うこともあるので**通常の賃金**か**平均賃金**で計算します。例えば、シフトでいつも火曜に3時間、水曜に2時間働いている人が、火曜に年次有給休暇を取得したときは、通常の賃金で計算する場合、3時間分の賃金を支払います。いつ休んでも同じ賃金を支払いたい場合は、平均賃金（108ページ参照）を使います。しかし平均賃金は、計算方法が大変な上、毎月、年次有給休暇をとるたびに再計算しなければいけないので、前者の計算のほうが簡単です。どちらの方法を選択するかは就業規則や労使協定などの定めによります。

パートタイマー、アルバイトの年次有給休暇

パートタイマー、アルバイトでも、雇い入れた日から6ヵ月を経過した日と、その後1年を経過するごとに下表の年次有給休暇の日数を与えなければならない

（週所定労働時間が30時間未満の労働者）

		勤続期間						
週所定労働日数	年所定労働日数	6ヵ月	1年6ヵ月	2年6ヵ月	3年6ヵ月	4年6ヵ月	5年6ヵ月	6年6ヵ月以上
4日	169～216日	**7日**	**8日**	**9日**	**10日**	**12日**	**13日**	**15日**
3日	121～168日	**5日**	**6日**		**8日**	**9日**	**10日**	**11日**
2日	73～120日	**3日**	**4日**		**5日**	**6日**		**7日**
1日	48～72日	**1日**	**2日**			**3日**		

パートタイマー、アルバイトでも、週所定労働時間が30時間以上、所定労働日数が5日以上の労働者、または1年間の所定労働日数が217日以上の労働者は、正社員の付与日数表（P.119参照）**が適用される**

パートタイマーなどから正社員へ身分が変わった場合や、有期労働契約が更新された場合は、年次有給休暇を算定するときの勤続年数は前の期間を通算する。また、すでに付与されている年次有給休暇の日数もそのまま引き継がれる

3 年次有給休暇の計画付与とは？

年次有給休暇を業務に支障がないように取得させることができる方法

年次有給休暇をすべて自由な日に取得されると業務に支障が出る場合もあります。また忙しくて、年次有給休暇を取得できない人にも会社が決めた日に計画的にとってもらえるように**計画付与制度**を導入するとよいでしょう。

年次有給休暇の計画付与制度は、**付与日数のうち5日を除いた残りの日数を計画付与の対象として、いつ取得するかを事業主が計画的に決めることができます**。計画付与を行う際には、**就業規則**による定めと**労使協定**を締結する必要があります。

計画付与制度の活用方法は、**①企業もしくは事業場全体の休業による一斉付与方式**、**②班、グループ別の交替制付与方式**、**③年次有給休暇付与計画表による個人別付与方式**などがあります。①や②は、例えば会社全体や部署ごとに年末年始の休日に合わせて年次有給休暇を2日間与え、5日間の連休にするという方法です。③は、例えば6～9月の間に2日間を個人別に会社が指定して付与するような方法です。その際、5日を超える年次有給休暇の権利がない人は、出社させるか、特別有給休暇を与えるかなどを労使で定めます。

計画付与制度のさまざまな活用方法

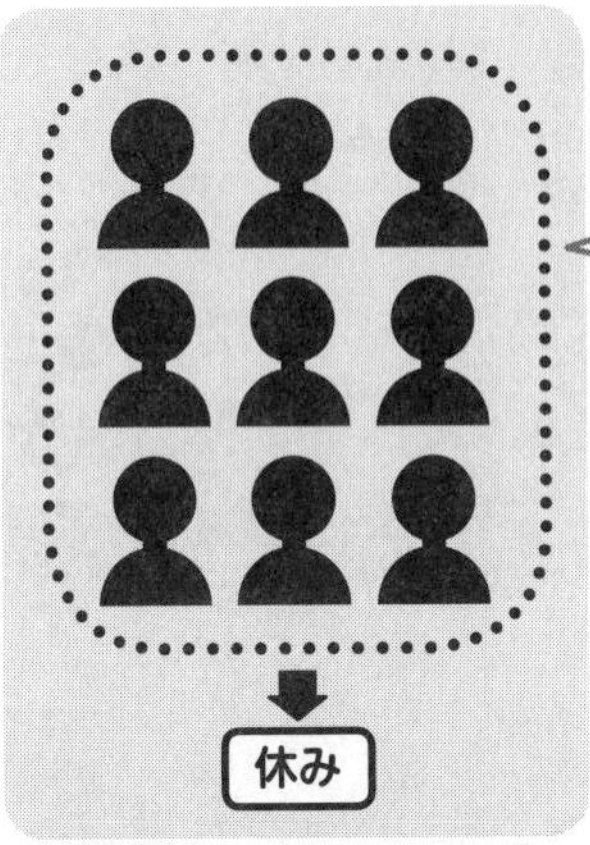

①企業もしくは事業場全体の休業による一斉付与方式

(例) 会社全体として、ゴールデンウィークや夏休みに年次有給休暇の計画付与を設けて、大型連休とする

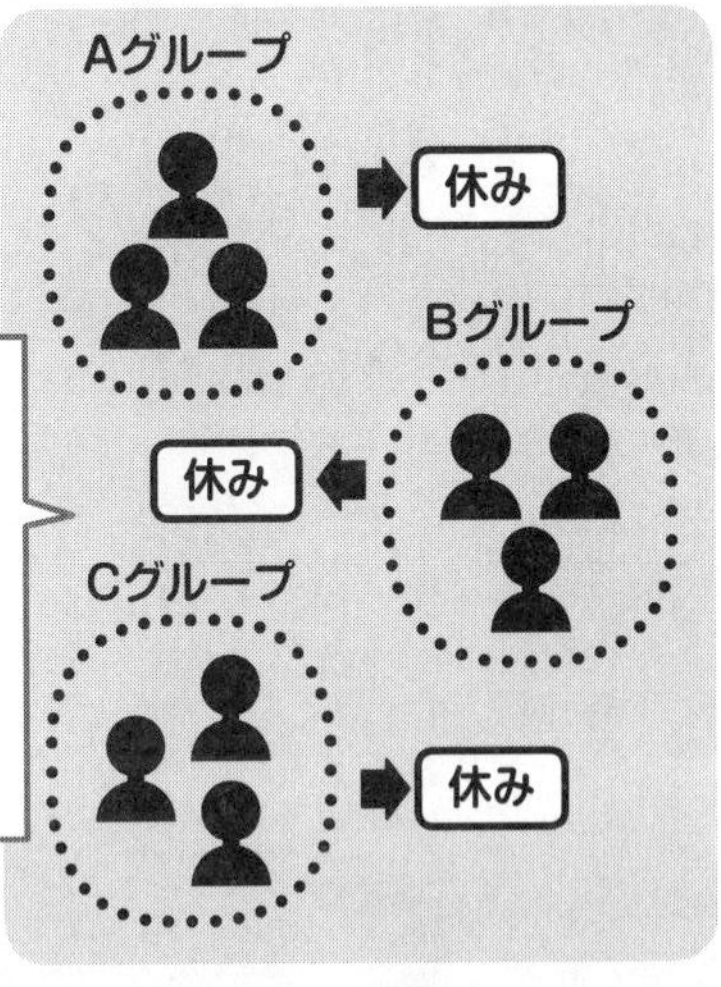

②班、グループ別の交替制付与方式

(例) 部署ごとに夏休みを、いくつかの班に分けて決まった日に年次有給休暇を計画的に取得させる

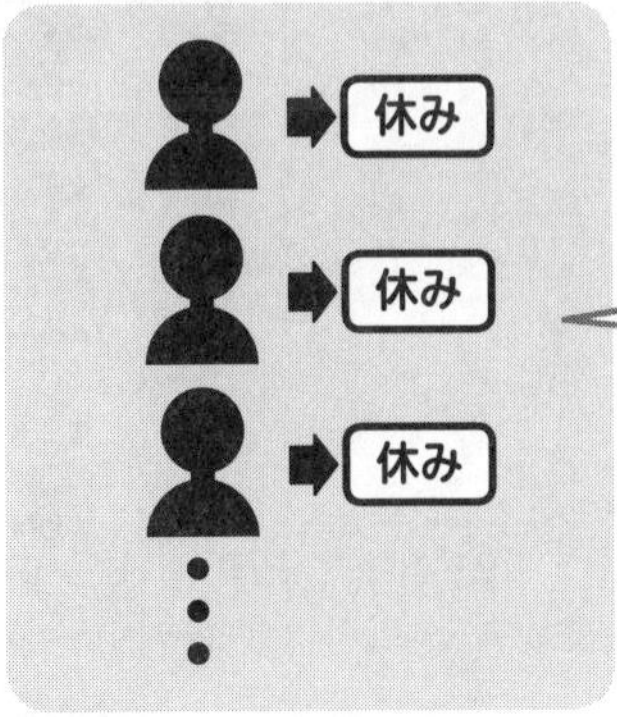

③年次有給休暇付与計画表による個人別付与方式

(例) 6～9月の間に全員2日ずつ年次有給休暇を計画的に取得させるなど一定期間内に個人ごとに決まった日数を取得させる

4 年次有給休暇の「使用者による時季指定」とは?

年次有給休暇の年5日の確実な取得の義務に違反すると罰則も

すべての企業で、年10日以上の年次有給休暇が付与される労働者に対して、**年5日については使用者が時季を指定して取得させる**ことが義務付けられました。これが「**使用者による時季指定**」です。指定する場合は、その時季に関して労働者の意見を聴取すること、そしてできる限りその意見を尊重する必要があります。就業規則にも使用者の時季指定に関する記載が義務付けられています。この年5日の管理方法ですが、年次有給休暇の付与日(基準日)の定め方により異なります。入社して半年後が基準日という法定基準だとわかりやすいのですが、4月1日などに一斉付与されている場合、法定の基準日よりも前倒しして付与されている場合などは、管理方法に注意が必要です。

また、必ずしも時季指定を行わなくても、①**労働者自らの請求・取得**、②**計画付与**、③**使用者による時季指定**のいずれかの方法で、年5日以上取得させることができればよいとされています。企業ごと、個人ごとに業務や現状の有休取得率を考えて、確実に年5日以上とれる方法を選択し、組み合わせるとよいでしょう。

年５日の「時季指定」の管理方法

①法定基準（入社6ヵ月後）での休暇付与の場合

●入社日：2021年4/1　●休暇付与日：2021年10/1（10日付与）

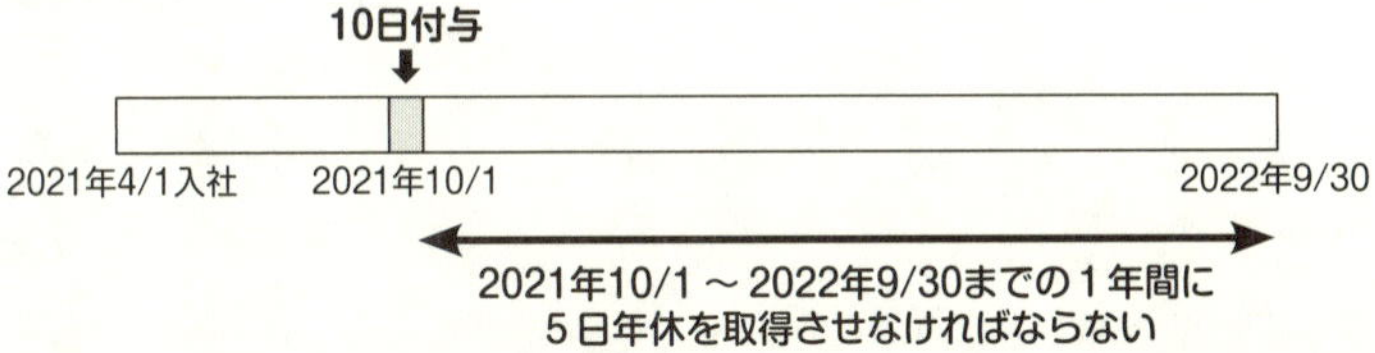

②4/1に全社一斉付与の場合　※5日取得させる義務の期間が重複する

●入社日：2021年4/1　●休暇付与日：2021年10/1（10日付与）＋翌年度以降4/1に付与

パターンA　**期間①と期間②のそれぞれの期間で5日取得を管理する方法**

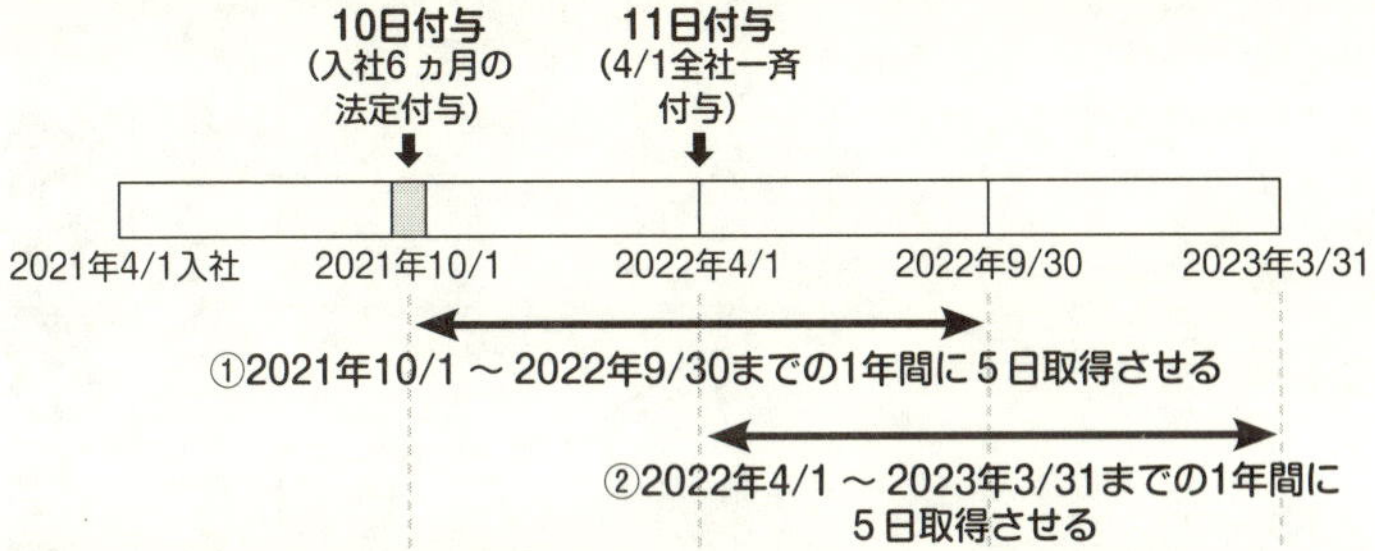

パターンB　**期間①と期間②を通算して管理する方法**
「月数÷12×５日」の計算式に則って算出

（例）2021年10/1～2023年3/31＝18ヵ月
⇒18ヵ月÷12ヵ月×5日＝7.5日
⇒2021年10/1～2023年3/31の18ヵ月間に7.5日取得

※なお、厚生労働省のＨＰに掲載されている『年５日の年次有給休暇の確実な取得　わかりやすい解説（PDF版））』には、上記以外の基準日の場合など、様々なパターンの管理方法の具体例が豊富に掲載されています。

年次有給管理簿の作成と３年間の保存も義務！
（有給休暇付与が10日未満の労働者も対象）

5 退職時に残りの年次有給休暇を請求されたら?

年次有給休暇を取得させる必要があり、時季変更権も使えない

退職日までに取得できずに残った年次有給休暇は、原則消滅します。労働者から退職の際、「辞めるまでに、残っている有給休暇を全部使用して辞めたい」と申し出られた場合は、年次有給休暇をとらせなくてはいけません。

また、退職日までに年次有給休暇をとりきれない場合は、**時季変更権は行使できません**。例えば、1ヵ月後に退職する労働者から「明日から退職日までの間、有給休暇を全部使わせてもらうので、もう出社しません」といわれたら、認めざるを得ません。引き継ぎのためにどうしても出勤してもらいたい場合は、取引先や職場の人たちに迷惑がかかることなどを労働者と話し合い、**退職日を延ばしてもらったり**、**取得できず残った年次有給休暇をやむを得ず買い取る**ことなどが考えられます。また、**年次有給休暇を取得中に次の年次有給休暇を付与する基準日が来る**こともあります。その場合、**新たな年次有給休暇が追加で発生します**。労働者から「有給休暇を全部使い終わったあとの日付を退職日にしたい」といわれたときは新たな年次有給休暇もとらせることになります。

退職時の年次有給休暇の扱い

POINT 1 時季変更権は行使できない

時季変更権とは…

- 事業主は、請求された時季に年次有給休暇を与えることが事業の正常な運営を妨げることになる場合は、別の時季に年次有給休暇を取得するように求めることができる（労基法第39条第４項）。これを「時季変更権」という
- ただし、時季変更権を使うための条件は厳しく制限されているので、単に「忙しくて他に代わりの労働者がいないから」というような理由では認められない。例えば、業務繁忙期にたまたま多くの労働者が同じ日に年次有給休暇を使いたいと申請があった場合など特別な場合に限られる

POINT 2 退職時に消滅した年次有給休暇の買い取りは可能

買い取りは原則禁止だが…

- 年次有給休暇は、社員の健康維持増進のために休暇を与えることが目的であるため、原則として金銭による買い取りは法律で禁止されている
- 一方、年次有給休暇を自由に取得させた上で２年間の時効で消滅したものや、退職時に消滅した年次有給休暇の買い取りは認められている。ただし、年次有給休暇の取得を妨げるような内容で消滅した年次有給休暇を買い取る規定をつくることは禁止されている

6 法定休暇、特別休暇とは？

法定休暇は必ず与える休暇。特別休暇は事業主が独自に定められる休暇

法定休暇とは、労基法などの法律で**労働者に与える必要がある休暇**です。その中には、**年次有給休暇**、**産前産後休業**、**育児休業**、**介護休業**、**介護休暇**、**子の看護休暇**、**生理休暇**、**公民権行使のための休暇**があります。法定休暇のうち、年次有給休暇を除くその他の休暇は、**無給**としても問題ありません。ただし、休暇を取得したことにより、昇給させなかったり、解雇やその他の**不利益な取り扱いをすることは法律で禁止されています**。

また**特別休暇**とは、法律の規定ではなく就業規則などで**事業主によって定められた休暇**です。一般的には、**慶弔休暇**、**リフレッシュ休暇**、**ボランティア休暇**、**法定休暇に上乗せした休暇**などがあります。事業主が独自に定められるので、社員のやる気にもつながるような制度をつくることが大切です。また、定める際はいつからいつまでの間に取得できるかを明確にしましょう。例えば結婚休暇の場合、昔は入籍、結婚式、新婚旅行が一緒だったので取得日はわかりやすかったのですが、今は入籍から新婚旅行までに期間があることが多いので、「入籍日から6ヵ月以内」など、就業規則などに取得時期を明示します。

法定休暇の種類

年次有給休暇
→P.118参照

産前産後休業
→P.138参照

育児休業
→P.140参照

介護休業
→P.144参照

介護休暇
→P.144参照

子の看護休暇
→P.142参照

生理休暇
→生理日に働くことが著しく困難な女性労働者が休暇を請求した場合、請求があった期間に休暇を取得させる制度。休暇は半日単位、時間単位で与えることも可能

公民権行使のための休暇
→裁判員制度の裁判員に選ばれたときなどに休暇を取得させる制度

就業規則中に慶弔休暇を定める例

第○節　慶弔休暇

社員は次の慶弔休暇を請求することができる。慶弔休暇は原則として連続して取得するものとし、休日は慶弔休暇日数に含めるものとする。

（1）本人が結婚するとき（入籍から６ヵ月以内）　5日
（2）配偶者、子、実父母（養父母）死亡の場合　5日
（通夜または葬儀の日を含む）
（3）次の親族の死亡のとき
＊義父母、兄弟姉妹　3日
＊３親等内の親族　2日
（通夜または葬儀の日を含む）

②前項の休暇は有給とする。

7 休職とは？

法律で決められたものではない。期間や内容は自由に設定できる

休職とは、**しばらくの間働くことができないと見込まれたときに、雇用関係を維持したままで一定期間働く義務を免除**することです。一般的には、**私傷病休職**や**自己都合休職**、**関連企業への出向休職**などがあります。

休職制度は、法律で必ず設けなければいけないものではありません。しかし、例えば私傷病で働けなくなった正社員を急に辞めさせることは社会通念上できません。そこで通常、正社員には休職制度を定めています。

気をつけなければいけないのは、自己都合休職です。単に1ヵ月認めるという規定だと、例えば世界一周旅行をしたいという理由でも休職を認めることになってしまいます。会社がやむを得ないと認める場合に限るという旨を、**就業規則に定める**ことが大切です。

休職の際の賃金は、**私傷病休職や自己都合休職の場合**は事業主の都合ではないので**支払う義務はありません。**

就業規則中に休職を定める例

第○節　休職

（休職事由）

第○条　社員が、次の各号の一に該当するときは休職を命ずる。

(1) 第○条の定めにより、会社外の業務に従事する時（出向休職）

(2) 業務外の傷病による欠勤が１ヵ月に達したとき、または傷病により勤務に適しないと認めたとき（私傷病休職）

(3) 会社がやむを得ないと認めた事由の欠勤が７日以上続くとき（自己都合休職）

(4) 前各号のほかにそれに準ずる理由があるとき

（休職期間）

第○条　前条の定めに基づく休職期間は次の各号のとおりとする。

(1) 出向休職の場合　　出向を命じた期間

(2) 私傷病休職の場合　８ヵ月

(3) 自己都合休職の場合　　１ヵ月

(4) その他特別な事情による場合　　相談による

②原則として休職にあたり、休職願を提出して会社の許可を得ること（(1) 出向休職を除く）。

③私傷病による休職者は、会社が指定する医師の診断書を提出しなければならない。

④私傷病による休職の場合で、復職の日から１年以内に再び同一傷病または類似する私傷病で休職する場合は、前休職期間の残余日数を休職期間とする。

⑤休職期間は原則として勤続年数に算入しない〔(1) の場合は状況に応じ会社が判断する〕。ただし、年次有給休暇の勤続年数の算定には含める。

⑥休職期間中については会社の指示に従い、定期的に会社へ報告を入れること。

⑦休職期間中に発生する社会保険料・住民税等の個人負担分については、会社の指示に従い、定められた期限に納付すること。

8 私傷病休職とは？

休職中の連絡先など、必要事項が記載された休職願をとっておく

私傷病休職とは、労働者が**業務外の病気やケガによって働けなくなり、会社を長期間休まなければならない場合、雇用関係を維持したままで休むことができる制度です。**会社が就業規則に定める休職期間を満了しても職場に復帰できなかった場合は、就業規則に「退職とする」旨を定めていれば**自然退職**となります。定めていなかった場合は**解雇**となります。会社にとっては、退職のほうが何かと問題は起こりません。

実務面では、休職前に本人から**「休職願」**の書面を提出してもらいます。また休職中の連絡先や、**社会保険料、住民税の自己負担分**をどうするかも決めておきます。復帰に際しては、休職期間満了1ヵ月くらい前に本人と連絡をとり、復帰できるかなどを確認します。復帰時には**会社が指定する医師の診断書**を持ってきてもらいましょう。なぜなら、主治医が専門医ではなかったり、労働者の意向に沿った診断書を作成することがあるからです。会社の業務内容を理解した上で、就労可能かを相談できる産業医にも診断してもらうこともおすすめです。

休職願の書式例

休職願

代表取締役社長　○○○○　殿

休職させて頂きたく申請させて頂きます。

記

1. 休職事由（私傷病休職の場合は診断書を添付すること）
　○○○○○○○○○○○○

2. 休職予定期間
　自　令和○年○月○日
　至　令和○年○月○日
　予定期間を超える休職が見込まれる場合は、事前に再度休職願を提出致します。

3. 休職期間中の連絡先
　氏名：○○○○
　住所：東京都○○区○○　○−○
　電話番号：○○−○○○○−○○○○

4. 休職期間中の緊急連絡先
　※本人と連絡がとれない時または緊急時等に連絡することがあります。
　氏名：○○○○
　住所：東京都○○区○○　○−○
　電話番号：○○−○○○○−○○○○

5. 就業規則該当条文　確認済
　就業規則第○～○条

以上

令和　○年　○月　○日
申請者　氏名　○○○○　㊞

Column

私傷病休職中の生活保障としてもらえる傷病手当金

労働者が業務外の病気やケガの療養で、働くことができずに会社を休んだ場合、社会保険の健康保険から「傷病手当金（※）」が支給されます。

支給要件は、①業務外の病気やケガの療養のために労働ができないことを医師が証明していること、②労務不能のため会社を休んだ期間が連続して3日間あること、③休んでいる間会社から給与をもらっていないことです。このすべてに該当した場合に、休業4日目から支給対象となります。支給期間は、支給開始日から1年6ヵ月の間です。注意点は、会社が休職の間、一部給与を支払う場合には、傷病手当金は支払われた給与額に応じて減額または不支給となることです。

そこで年次有給休暇との関係ですが、傷病手当金が出ない3日間の待期期間中は年次有給休暇をとっても問題ありませんが、4日目以降の傷病手当金の支給対象日にとった場合はその日の傷病手当金は支給されません。

また、資格喪失時に傷病手当金を受けている（または受ける条件を満たしている）労働者が退職した場合は、退職日までに1年以上、健康保険の被保険者期間があれば、退職後も引き続き傷病手当金をもらうことができます。退職日にすべての条件を満たしている必要があるので必ず確認しましょう。

※（支給開始日以前の継続した12ヵ月間の各月の標準報酬月額を平均した額）÷30日×3分の2

第7章

出産、育児、介護で休むルール

1 出産、育児にまつわる制度とは？

制度を利用する労働者には、さまざまな手当や給付がある

出産、育児に関しては、制度を最大限利用する労働者が増えています。事業主は、制度の利用や申出をした労働者について**不利な扱いをしてはならない**と定められています。労働していない時間については無給でかまいませんが、その旨を就業規則や育児・介護休業規程などで定める必要があります。

労働者の誰かが出産することになったら、まず権利や全体の流れを確認しましょう。出産、育児の最中は、国からさまざまな手当や給付（次ページ参照）があります。例えば、**健康保険**からは産前産後休業中に対する**出産手当金**や、出産に対する**出産育児一時金**の支給があります。**雇用保険**からは育児休業期間に対して**育児休業給付**の支給があります。また、**社会保険について**は産前産後休業期間中と育児休業期間中の**社会保険料が免除**になる制度や、復帰後に短時間勤務などで給与が下がった場合、一定の条件を満たせば復帰前の高い保険料を支払わなくて済むように**産前産後休業終了時改定**または**育児休業等終了時改定**を行う制度もあります。手続きを忘れやすいので注意しましょう。

出産、育児にまつわる主な措置、制度など

措置、制度など	〈いつ〉対象者	内　容
危険有害業務の就業制限	〈妊娠中、出産後〉 ・妊娠中の女性 ・産後１年を経過しない女性	重量物を取り扱う業務、有害ガスを発散する場所における業務その他妊娠時に有害な業務の禁止
保健指導、健康診査のために必要な時間の確保	〈妊娠中、出産後〉 妊娠中、出産後の女性労働者	〈妊娠中〉 ・妊娠23週まで４週間に１回 ・妊娠24週から35週まで２週間に１回 ・妊娠36週以降出産まで１週間に１回 〈産後（出産後１年以内）〉 医師が指示した保健指導または健康診査を受ける措置と勤務の軽減など必要な措置
産前産後休業 (P.138参照)	〈出産前、出産後〉 ・産前休業→希望する女性労働者 ・産後休業→原則、希望は関係なく女性労働者全員	産前休業：出産予定日からカウントして産前６週間（多胎の場合14週間） 産後休業：出産日の翌日からカウントして産後８週間
育児時間	〈生児が生後満１年に達しないときまで〉 生後満１年に達しない生児を育てる女性労働者	１日２回各々少なくとも30分、その生児を育てるための時間を請求することができる
育児休業	〈原則子の１歳の誕生日の前日まで〉 原則、希望する男女労働者※	雇用保険加入者は雇用保険から育児休業給付の支給あり（P.140参照）
短時間勤務制度	〈子が３歳未満まで〉 原則、希望する男女労働者※	原則、１日の所定労働時間を６時間とする制度（P.142参照）
所定外労働の制限	〈子が３歳未満まで〉 原則、希望する男女労働者※	所定労働時間を超えて労働させてはならない制度
子の看護休暇	〈子が小学校就学前まで〉 原則、希望する男女労働者※	子の看護のため休暇を取得できる制度（P.142参照）
法定時間外労働の制限	〈子が小学校就学前まで〉 原則、希望する男女労働者※	１ヵ月24時間、１年150時間を超える時間外労働をさせてはいけない制度
深夜業の制限	〈子が小学校就学前〉 原則、希望する男女労働者※	深夜（午後10時から午前５時まで）に労働させてはならない制度

※継続勤務期間が短い場合、１週間の所定労働時間が短い場合などは対象外にできる

2 産前産後休業とは？

産前6週間、産後8週間、多胎の場合は14週間の休み

産前産後休業は、母体を保護するためのもので、出産前後のお休みです。**産前**については、事業主は**6週間以内**（多胎の場合は14週間）に出産を予定している女性が**休業を請求した場合**、働かせてはいけないと定められています。つまり、本人から休業の請求がない場合は、引き続き働いてもらってかまいません。

ところが**産後**については、**産後8週間**を経過しない女性を原則**働かせてはいけません**。ただし、**産後6週間**を経過した女性が**請求をした場合で、医師が支障がないと認めた業務**に就かせることは差し支えないとされています。なお、**出産日当日は産前に含む**ため、産後休業は出産日の翌日からカウントします。また、産前産後休業期間中、事業主は**賃金を支払う義務はありません**し、年金事務所に申請すれば社会保険料も負担する必要はありません。労働者の社会保険料も免除されます。社会保険に加入している労働者は、健康保険から**出産手当金**を受けることができます。出産手当金は1日あたり支給開始日以前12ヵ月間の各月の標準報酬月額を平均して30日で除した額の3分の2が支給されます。

産前産後休業、育児休業中の各種給付金

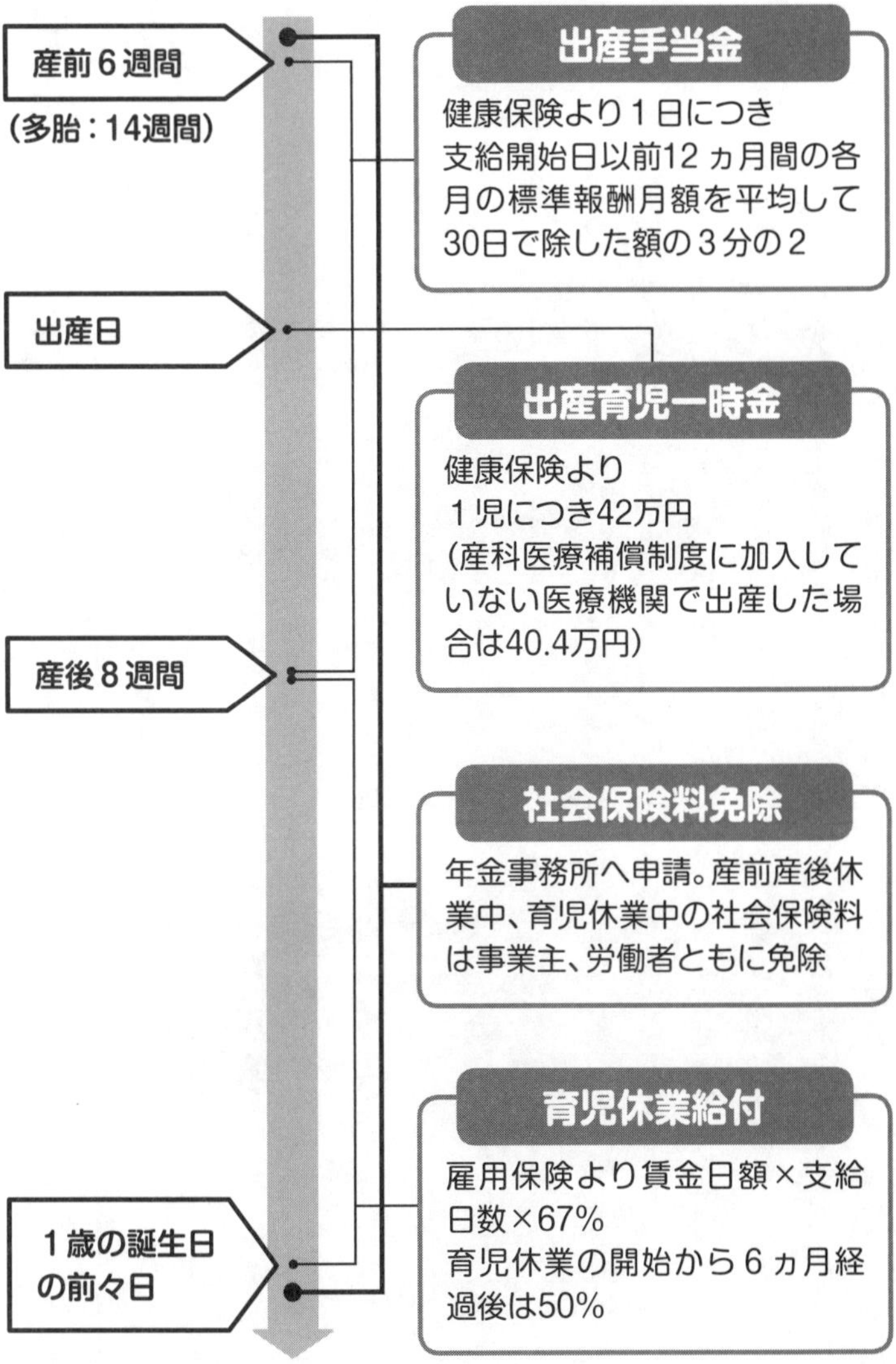
産前6週間
（多胎：14週間）
出産日
産後8週間
1歳の誕生日
の前々日
出産手当金
健康保険より1日につき
支給開始日以前12ヵ月間の各
月の標準報酬月額を平均して
30日で除した額の3分の2
出産育児一時金
健康保険より
1児につき42万円
（産科医療補償制度に加入して
いない医療機関で出産した場
合は40.4万円）
社会保険料免除
年金事務所へ申請。産前産後休
業中、育児休業中の社会保険料
は事業主、労働者ともに免除
育児休業給付
雇用保険より賃金日額×支給
日数×67%
育児休業の開始から6ヵ月経
過後は50%

3 育児休業とは？

1歳未満の子どもの養育のために、原則1回取得できる

1歳未満の子どもを養育するために、原則として**1回**に限り**育児休業**をすることができます。ただし、保育所に入所を希望していても入所できない場合や、1歳以降に子どもを養育する予定であった配偶者が死亡、負傷、疾病などにより養育することが困難になった場合は、**1歳6ヵ月**まで、同様の理由でさらに休業が必要な場合に限っては、再度の申出によって**2歳**まで（※）、休業を延長することができます。また、**両親がともに育児休業を取得する**場合は、**1歳2ヵ月**まで延長することができます（パパ・ママ育休プラス）。

一方、事業主は育児休業期間中、賃金を支払う必要はありませんし、年金事務所に申請すれば社会保険料を負担する必要もありません。労働者の社会保険料も免除されます。労働者には育児休業期間中は育児休業給付が支給されますが、一部賃金を受ける場合（賃金日数×支払日数の30％を超える場合）は、その額に応じて減額または不支給となります。

育児休業期間も退職金の算定期間になるかどうかでもめることがあります。算定期間に入らないのであれば、就業規則などでその旨を定めておきましょう。

育児休業の対象

対象となる労働者	● 原則、**1歳に満たない子ども**を養育する**男女労働者** (日々雇い入れられる者を除く)
	● **期間を定めて雇用される者**は、申出時点において次のいずれにも該当すれば対象となる ① 同一の事業主に引き続き1年以上雇用されていること ② 子が1歳6ヵ月になるまでの間に雇用契約がなくなることが明らかでないこと(右ページの(※)の申出をする場合は2歳になるまでの間に)
労使協定で休業の取得を拒むことができる者	● その事業主に継続して雇用された期間が1年に満たない労働者 ● その他、育児休業をすることができないとすることについて合理的な理由があると認められる労働者

(※) 1歳時点で延長することが可能な育児休業期間は、子が1歳6ヵ月に達する日までとなっています。

育児休業期間中に受けられる制度

どこから	管　轄	内　容
雇用保険	ハローワーク	● **育児休業給付** 休業開始時の賃金日額×支給日数×67%(6ヵ月経過後は50%)
社会保険	年金事務所	● 育児休業中の**社会保険料免除** (事業主、労働者ともに)

4 小学校就学前の子どもがいるときは?

短時間勤務制度や、子の看護休暇制度を利用できる

育児休業以外にも、小学校にあがる前の子どもがいる場合は特別な制度があります。

短時間勤務制度とは、**1日の労働時間を原則6時間**とする制度のことです。**3歳に満たない子どもを養育する**労働者が申し出た場合、この制度の使用を認めなければなりません。実際に行われているだけでは不十分で、**就業規則などに規定するなど**制度化された状態にする必要があります。

子の看護休暇とは、労働者が申し出たら与えなければならない休みのことです。1年度に、小学校就学前の子どもが1人いる場合は5日、2人以上いる場合は10日を限度とし、1日単位または時間単位で取得することができます。1年度とは、原則、小学校就学前までの毎年4月1日から翌年3月31日です。子どもが風邪をひいたときの看護や予防接種のためなど、労働者が必要なときに申し出ることができます。

その他、**所定外労働の制限**、**時間外労働の制限**、**深夜業の制限**などの制度もあります。いずれの制度も働かなかった時間に対して無給でもかまいません。

就学前の子どもの養育、看護などで利用できる制度

短時間勤務制度

1日の 所定労働時間	● **原則6時間**（通常の所定労働時間が7時間45分の場合は5時間45分から6時間）
対象となる労働者	● **3歳に満たない子ども**を養育する、以下のいずれにも該当する**男女労働者** ① 1日の所定労働時間が6時間以下でないこと ② 日々雇用される労働者でないこと ③ 短時間勤務制度が適用される期間に現に育児休業をしていないこと ④ その事業主に継続して雇用された期間が1年に満たない労働者など一定の条件の者で、労使協定により適用除外とされた労働者でないこと

子の看護休暇制度

看護休暇の日数	● **小学校就学前の子ども**が 1人　→　年5日 2人以上　→　年10日
対象となる労働者	● **小学校就学前の子ども**を養育する労働者（日々雇い入れられる者を除く） ● その事業主に継続して雇用された期間が6ヵ月に満たない労働者など労使協定により適用除外とされた労働者の取得は拒むことができる

5

介護休業や介護にまつわる諸制度とは?

介護休業は93日、介護休暇は年5日とれる

要介護状態にある家族を介護する労働者は、要介護状態の対象家族1人につき、**通算93日まで**、3回を上限として**介護休業**を分割してとることができます。要介護状態とは、負傷、疾病または身体上もしくは精神上の障害により、2週間以上の期間にわたり常時介護を必要とする状態です。家族の範囲は、配偶者、父母、子ども、配偶者の父母、祖父母、兄弟姉妹、孫です。休業中は無給でかまいません。その間、労働者には一定の条件を満たせば雇用保険から**介護休業給付**があります（休業開始時賃金日額×支給日数×67%）。

介護休暇とは、要介護状態にある対象家族の介護などを行う労働者が、**対象家族が1人であれば年に5日**まで、**2人以上であれば年に10日**まで、1日単位または時間単位で取得できる休暇です。

また、**介護のための短時間勤務制度**もあります。**介護休業とは別に、利用開始から3年の間で2回以上**利用することができます。その他にもさまざまな制度があります。いずれも働かなかった時間に対して無給でもかまいません。規程で定めておきましょう。

介護休業の対象

対象となる労働者	● **要介護状態にある対象家族**を介護する**男女労働者**（日々雇い入れられる労働者は除く） ● 期間を定めて雇用される者は、申出時点において次のいずれにも該当すれば対象となる ・同一の事業主に引き続き1年以上雇用されていること ・取得予定日から起算して93日を経過する日から6ヵ月を経過する日までの間に、労働契約（更新される場合には、更新後の契約）の期間が満了することが明らかでないこと ● その事業主に継続して雇用された期間が1年に満たない労働者など一定の条件の者で、労使協定により適用除外とされた労働者ではないこと

介護にまつわる諸制度

短時間勤務制度

※フレックスタイム制、始業・終業の時刻の繰上げ・繰下げなどの導入でも可

1日の所定労働時間	● 通常の所定労働時間が、 8時間 → 2時間以上 7時間 → 1時間以上 の短縮が望ましい

介護休暇制度

※労使協定により除外される労働者の範囲は子の看護休暇と同様

介護休暇の日数	● 要介護状態の対象家族が、 1人 → 年5日 2人以上 → 年10日

転勤などへの配慮

時間外労働の制限

深夜業の制限

所定外労働の制限

6 女性活躍推進法とは？

出産や育児を抱える女性が、活躍できる職場環境を整える

女性活躍推進法（女性の職業生活における活躍の推進に関する法律）は、**労働者301人以上の会社**に対して、①女性の活躍状況を分析して課題を洗い出し、②課題に対する目標を設置し、行動計画を策定して社内周知・社外公表する、③行動計画の策定を労働局に届け出ることを義務付けています。

例えば、女性労働者の採用割合が低い職種はないか、性別にかかわらず、評価や管理職登用が行われているか、出産や子育てを機に女性が退職する傾向にないかなど、自社の状況を分析します。そして「営業職で働く女性の人数を○人以上とする」「管理職に占める女性比率を○%とする」「男女の勤続年数の差を○年以下とする」といった、**数値などの目標**を定め、**具体的な行動計画**を策定し、社内に周知します。パート社員なども含め、幅広い労働者の理解と協力を得て取り組むことが重要です。なお、労働者300人以下の民間事業主については努力義務とされていますが、日本の労働人口減少を補うためにも、またダイバーシティ（多様な人材の活用）の観点からも積極的な取り組みが期待されます。

女性活躍推進法に基づく課題分析と取り組み例

課題分析の視点例	取り組み例
● 女性労働者の割合が低くなっている職種がある	➡ コース別採用の廃止、再編など
● 総合職で女性比率が低く、補助的な職種で女性比率が高くなっている	➡ 一般職などの職務範囲の拡大
● 中堅以上の年齢層で、女性労働者が少ない	➡ 育児、介護、配偶者の転勤などを理由とする退職者への再雇用の実施
● 出産・子育てを機に女性労働者が退職する傾向にある	➡ 時間的な制約を抱える人材を活かすことの意義について、役員・管理職研修を実施
● 長時間労働ゆえに仕事と家庭の両立が困難になっている	➡ 残業が一定時間を超える労働者と上司に対する通知や指導などを実施
● 顧客企業に即応を求められることが長時間労働の要因となり、仕事と家庭の両立が困難である	➡ 組織のトップから顧客に対して、ワーク・ライフバランスに関する理解を促す
● 女性労働者が出産・子育てをしながらキャリア形成していくイメージを持ちづらい	➡ ロールモデルとして女性管理職を育成・中途採用する
● 女性管理職が少ないため、新人の女性管理職が自信を持ちづらい状況がある	➡ 新人管理職に対して役員などがメンタリング（自発的成長のための対話や助言）

Column

育児・介護休業中にもらえる雇用保険の給付

育児休業、介護休業中に、事業主は賃金を支払う必要はありません。労働者はハローワークで手続きを行うことで、雇用保険から給付を受けることができます。まず、支給を受けられる対象者かを確認しましょう。原則、一般被保険者で、育児休業、介護休業開始日前2年間に、賃金支払基礎日数が11日以上ある月が12ヵ月以上ある人が対象となります。

育児休業給付は、休業中に賃金が支払われなかった場合、育児休業開始時の賃金の約67%程度（6ヵ月経過後は50%）が支給されます。支給期間は、育児休業開始日から子どもが1歳の誕生日の前々日まで（一定の場合は1歳6ヵ月まで）です。申請手続きは2ヵ月に1度（本人が希望する場合は1ヵ月に1度）行います。

介護休業給付は、休業中に賃金が支払われなかった場合、介護休業開始日の賃金の約67%程度が支給されます。介護休業給付の場合、対象家族1人につき介護休業開始日から最長93日まで、3回を上限として分割して取得可能です。申請手続きの期限は、介護休業終了日（介護休業が3ヵ月以上の場合は、介護休業開始日から3ヵ月経過した日）の翌日から起算して2ヵ月を経過する日の属する月の末日までです。

育児休業給付、介護休業給付は、ともに賃金の支払いがあった場合、給付が減額または支給停止となる場合があるので注意しましょう。

第8章

退職時のルール

1 自己都合退職とは？

退職届と退職願は、法律的に違いがある

労働者から「辞めさせてください」といわれて退職に至ることを**自己都合退職**といいます。あとでもめないように**書面**を提出してもらうことがポイントです。書面には**退職届**と**退職願**があります。**退職届**とは、**「退職します」という一方的な届出**です（辞職）。いったん本人が退職届を提出したあとは、本人がやはり会社に残りたいと思っても、会社が合意しなければ**退職を撤回することはできません**。**退職願**とは、文字どおり**「退職させてもらえませんか」という労働者からのお願い**の書類です。会社がこれを受け取って「いいですよ」と承認をします（合意解約）。承認されるまでの間、**本人は退職願を撤回することができます。**ただし、この2つの法律的な違いを会社も従業員も理解していないことが多いので、その場合は一般的には合意解約ととらえられます。

退職の申出日ですが、民法上では原則、会社が退職を認めなくても14日経過後には退職できます（ただし月給者は例外あり。次ページ左上の解説を参照）。引き継ぎなどを考えて就業規則などで「1ヵ月前までに申し出る」と定めたほうがいいでしょう。

退職願の例

民法では月給制をとる正社員は、会社が認めなくても賃金支払期間の前半の申出でその賃金締日に、期間後半の申出で次の計算期間の締日に退職できる。退職日の何日前までに届け出るかは就業規則で決めておく

「無理やり書かされた」といわれないために、ここは空白にして必ず本人に書いてもらう

退職願

株式会社○○○○
代表取締役社長　○○○○様

下記の理由により令和○年○月○日付で退職させていただきたく、お願い申し上げます。

退職理由　一身上の都合

なお、退職にあたり在職中に知りえた業務上の情報及び資料について、就業規則及び入社時の誓約書に基づき、一切持出、及び漏洩致しません。

令和○年○月○日

氏名　○○○○　㊞

秘密情報の保持などについて、退職前にもう一度同意をもらったほうがよい

2 退職勧奨による退職とは？

会社が労働者に退職を促し、本人が合意した上で退職すること

解雇は、使用者側からの一方的な契約解除ですが、使用者が労働者に退職を働きかけ、労働者がそれに応じて退職する場合は**合意退職**となります。例えば「もしかしたら君にはこの会社は向いていないかもしれないね」という話し合いの中で、本人が「辞めさせていただきます」といった場合です。合意退職は解雇と異なり、辞めてくれと一方的にいっているわけではありませんし、また本人自ら辞めることに合意しているので、**解雇予告手当の必要がなく**、不当解雇で争われることも原則ありません。ポイントは、あとでもめないように**退職届**をもらっておくことです。もちろん「むりやり書かせられて退職を強要された」といわれないようにすることが大切です。

また、整理解雇を回避するために**希望退職者**を募集することがあります。この場合、一般的に使用者が退職金の上乗せや再就職支援など、通常の退職よりも有利な条件を示して退職希望者を募り、労働者が自分の意思で退職を申し込みます。これも合意退職なので、解雇予告の必要も不当解雇の問題も原則発生しません。

解雇と退職勧奨の主な違い

	退職勧奨 整理解雇回避のための希望退職者募集（合意退職）	解　雇
解雇予告または解雇予告手当の支払い	不　要	30日前に予告（または解雇予告手当の支払い）
不当解雇となるか否か	原則不当解雇とならない※	不当解雇で訴えられる可能性がある
届出書類（書面は必須ではない）	労働者から退職届を提出してもらう	労働者に解雇通知を出す
雇用保険の基本手当	特定受給資格者※（解雇と同じ扱い）	特定受給資格者※（給付制限がかからず、給付日数も多い場合がある）
助成金	助成金がもらえない場合がある	助成金がもらえない場合がある

※あくまで退職を強要されたといわれない場合
※重責解雇の場合は特定受給資格者にはならない

3 定年退職、高年齢者雇用確保措置とは？

3つの方法を選択して、原則希望者全員65歳まで雇用しなければならない

労働者が就業規則などで定められた年齢に達したとき、年齢を理由に雇用契約が終了することを**定年退職**といいます。定年年齢は**60歳を下回ることはできません。**さらに、厚生年金の支給開始年齢の段階的な引き上げにより、現在は**原則、希望者全員65歳まで雇用**しなければならなくなりました（平成25年3月末までに再雇用対象者の基準を労使協定で設けている場合は経過措置あり）。

65歳未満の定年を定めている会社は、①**定年の引き上げ**、②**継続雇用制度（再雇用制度）の導入**、③**定年制の廃止**のいずれかの措置を行わなければなりません。この中では**再雇用制度**が会社にとっては一番導入しやすい制度です。なぜなら再雇用なので、定年により社員としての雇用契約はいったん終了し、新たな雇用内容で再び契約できるからです。本人が希望し、定年退職時に解雇事由などに該当しなければ会社は再雇用をしなければなりませんが、**仕事内容、勤務時間、給与などは新たに提示**できるため、定年の引き上げや定年制の廃止よりも人件費などの面でもリスクが少なくて済みます。

高年齢者雇用確保措置とは

65歳までの雇用を確保するための措置

① **定年の引き上げ**（65歳まで）

② **継続雇用制度（再雇用制度）の導入**（65歳まで）

③ **定年制の廃止**

どれかを選択しなくてはならない

原則 希望者全員

↓

② 再雇用制度
を選択する会社が多い

POINT

- 仕事内容や労働時間、給与など、**本人の希望どおりの条件で再雇用する義務まではない。**客観的に見て合理的だと思われる条件を会社が提示し、話し合った結果、本人が断ったのであれば再雇用しなくてもかまわない
- 再雇用後の**身分に決まりはない**ので、フルタイムの月給制契約社員でも、時間数や勤務日数の少ないパートタイマーでも問題はない

4 定年後の再雇用制度とは?

平成25年3月以前に有効な労使協定がある場合は経過措置あり

高年齢者雇用安定法改正で、継続雇用制度の対象者を雇用する企業の範囲の拡大と高年齢者雇用確保措置（154ページ参照）義務違反をする企業に対して企業名を公表できる規定が追加されました。

また、**再雇用制度**（155ページ参照）を導入した場合、平成25年3月以前は労使協定を結ぶことにより、再雇用対象者をある程度限定できましたが、法改正により平成25年4月以降、**再雇用対象者を限定できる仕組みが廃止**されました。ただし、すでに平成25年3月31日までに再雇用対象者の基準を労使協定で定めていた会社は、年金支給開始年齢以降の再雇用は、労使協定の基準により再雇用対象者を限定できる**経過措置**が認められています。

この経過措置に該当する場合を除き、希望者全員を再雇用対象者としなければなりませんが、**就業規則などに定めている解雇事由や退職事由（年齢によるものを除く）**に該当する場合はこの限りではありません。**心身の故障により業務に耐えられない**など、若者でも解雇になるような客観的に合理的な理由があれば再雇用の対象としないこともできます。

60歳定年後、65歳まで再雇用の制度を導入した場合

（改正高年齢者雇用安定法は平成25年４月より施行）

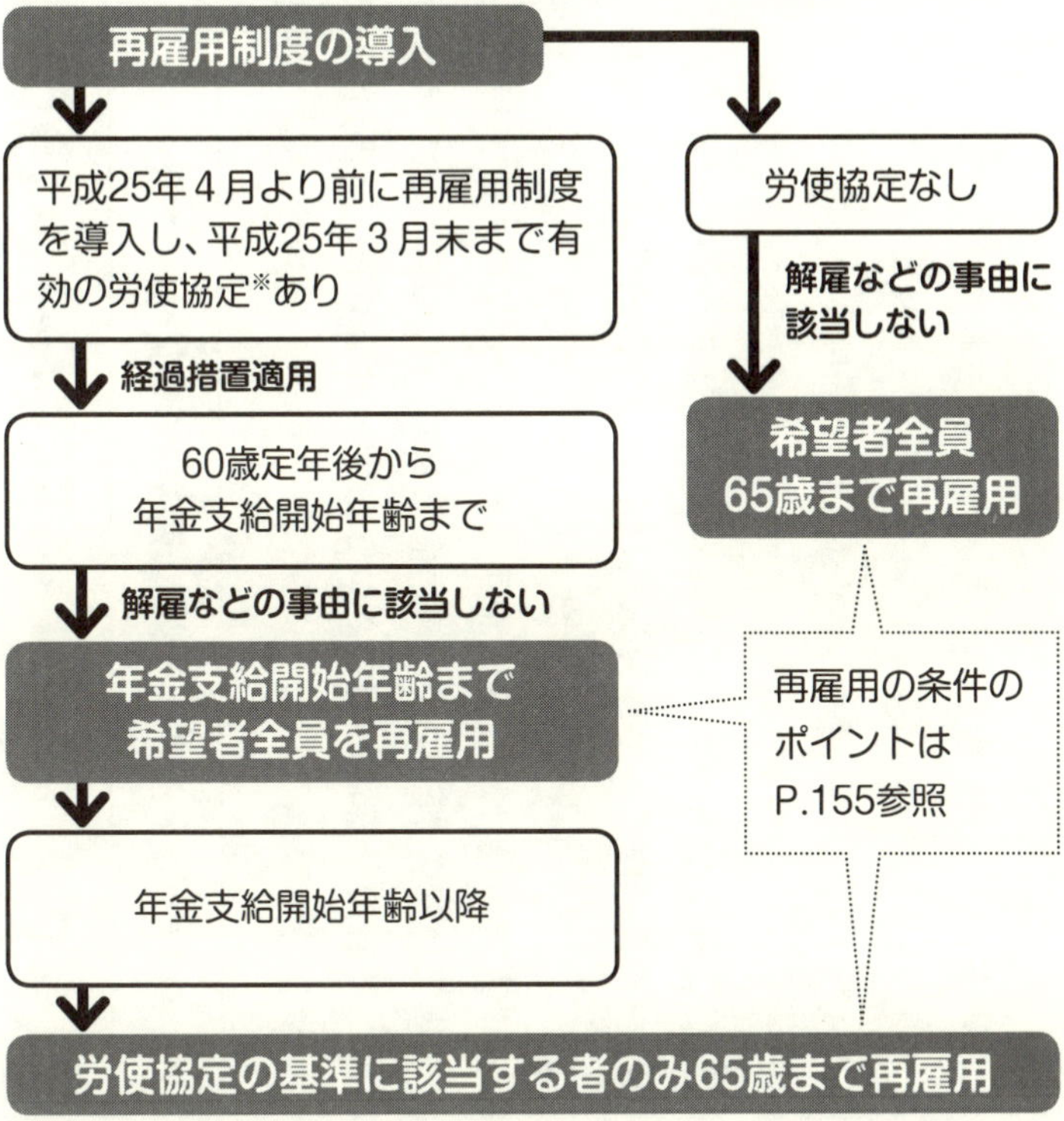

※再雇用の労使協定とは、再雇用をする場合の基準を労使間で定めたもの
　基準をクリアした者のみ再雇用する

〈基準例〉「過去○年間の出勤率が○%以上」「人事評価がＣ以上のもの」「過去○年間に懲戒がない」「直近の健康診断の結果、業務に支障がない」など

年金支給開始年齢に合わせた経過措置適用年齢

平成25年４月１日～平成28年３月31日	61歳
平成28年４月１日～平成31年３月31日	62歳
平成31年４月１日～令和４年３月31日	63歳
令和４年４月１日～令和７年３月31日	64歳

5 懲戒のルールは？

就業規則などで懲戒の種類、内容を定めておくことが大切

懲戒にはその程度に応じ、主に次ページにあげたものがあります。ポイントは、**合理的な理由**があり、**社会通念上認められる範囲で労働者の違反行動の程度に応じた処分をする**ことです。例えば、正当な理由なく遅刻をした場合は始末書、遅刻を繰り返すようなら減給、無断欠勤が連続5日なら出勤停止というように、程度や状況に応じて処分のバランスを考えます。人によって処分に差が出ないように公平に行うことが大切です。また、**1つの事案で2つの懲罰を行うことは禁止**されています。例えば、横領で出勤停止したあとに懲戒解雇することは認められていません。間違いやすいのは減給についてです。労働基準法で上限が定められています。降格に伴い、賃金が減少する賃金制度によって給料が減るような場合は、この上限には該当しません。

手続きにも注意が必要です。まず、懲戒処分を行う前に本人の言い分をよく聞くようにしましょう。また就業規則などで**懲戒委員会**を開くことが決められているのにもかかわらず、開催せずに処分を行うと、手続き上の不備で無効となるので気をつけましょう。

懲戒処分の種類（就業規則の記載例）

種類	内容
けん責	始末書を提出させて将来を戒める **（例）**連絡なしの合理的な理由のない遅刻
減　給	1回につき、平均賃金1日分の2分の1以内を減給し、将来を戒める。ただし、2回以上にわたる場合は、その総額が1賃金支払い期における賃金総額の10分の1以内とする（労基法の上限） **（例）**営業中さぼっているのを発見、度重なる合理的な理由のない遅刻
出勤停止	1週間以内の出勤を停止し、その期間中の賃金は支給しない **（例）**無断欠勤が連続5日続いた場合
降　格	上級職位を解任して下級職位に就ける **（例）**部下にセクハラ、パワハラした
諭旨解雇	懲戒解雇に準ずる事由により、事情に応じて退職届を提出するようにすすめる **（例）**飲酒運転で交通事故を起こし、会社名が公になった
懲戒解雇	原則、予告期間を設けることなく、即時に解雇する。所轄労働基準監督署長の認定を受けたときは解雇予告手当（平均賃金の30日分）を支給しない。退職金は原則減額、もしくは支給しない **（例）**会社のお金を横領した

6 普通解雇、懲戒解雇とは？

解雇が合法と認められる基準は、事業主にとってハードルが高い

解雇は簡単に行えるものではなく、「客観的に合理的な理由があり、社会通念上相当であると認められた場合」に限られます。解雇には**懲戒解雇**、**普通解雇**、**整理解雇**（162ページ参照）があります。

普通解雇とは、雇用関係を継続しがたい、やむを得ない理由があった場合に、**使用者が一方的な意思で労働契約を解約する**ことです。例として、能力不足、心身の故障で業務に耐えられない場合などがあげられます。懲戒解雇よりは解雇が有効と認められる範囲は広いですが、解雇不当で裁判で争われると**解雇権濫用**と判断されるケースも多いので、解雇する場合は慎重に行います。

懲戒解雇とは、会社が辞めさせなければならないほど、企業秩序に違反した従業員に対して**重い懲罰として解雇する**ことです。原則、どういう場合に懲戒解雇になるかを**就業規則などで限定列挙で明示**し、それに基づいた理由で懲戒解雇を行わなければなりません。普通解雇以上の厳格性が求められます。

解雇の主なポイント

❶ 解雇理由に合理性・相当性がある

➡ 解雇に関して、客観的に合理的な理由があり、
社会通念上相当と認められることが必要

❷ 就業規則の解雇事由に該当している

➡ 特に懲戒解雇は限定列挙にあてはまっていることが必要

❸ 法律上の解雇禁止に該当しない

➡ 〈解雇禁止の例〉
- 労災休業期間とその後30日間
- 産前産後休業期間とその後30日間
- 労働者が組合に駆け込んだことを理由とするもの
- 労働者が公益通報をしたことを理由とするもの　など

❹ 手続き遵守

➡
- 話し合いの場を持つ
- 懲戒委員会を開く定めがあれば必ず開く

❺ 解雇予告をする　または解雇予告手当を支払う

➡ 除外認定（P.164参照）が認められる場合もある

普通解雇の例
- 能力不足が認められるとき
- 心身の故障により職務に耐えられないと認められるとき
- 天災事変その他事由により、事業の継続が不可能なとき

懲戒解雇の例
- 無断欠勤が14日以上に及んだとき
- 業務上知り得た会社および取引先の重大機密事項を漏らそうとしたとき
- 横領を行ったとき
- セクハラに関する懲戒処分が再度に及ぶ、または情状重大と認められるとき

7 リストラによる整理解雇とは？

4つの要件（要素）を総合的に考えて、解雇の正当性が判断される

整理解雇で大切なことは、いかに従業員に誠意を尽くすかです。トラブルを生む大きな原因は、従業員もこの難局をわかっているはずだと会社側は考えていたのに、従業員側では自分が**解雇**されると思わず、突然の解雇に「なぜだ」と納得できないためです。会社が十分な経営努力をして、それを従業員に説明した上でなら、従業員もリストラを受け入れやすいので、不当解雇で訴えられることは避けられます。具体的には、「解雇の正当性」のための**4つの要件（要素）**を総合的に満たすことが必要です（次ページ参照）。

まず、整理解雇しなければならないだけの理由があることです。単に余剰人員が出たというだけで整理解雇を行うと、争われた場合に**解雇権濫用**で無効となります。次に雇用を守るために経費削減や配置転換、出向、希望退職の募集（152ページ参照）などの解雇を避ける努力をすることです。それでも解雇が必要なら、整理解雇の対象者を合理的に公平に選びます。そして、従業員に誠意を持って十分に説明します。そのためには、あらかじめ従業員に納得してもらえるような、しっかりとしたリストラ計画を準備しましょう。

整理解雇の４つの要件（要素）

① 経営上の必要性

➡倒産危機、または将来、経営危機に陥ることが予想され、経営上、人員削減が必要とされることなど

② 解雇回避の努力措置

➡経営上、解雇を避けるためのあらゆる努力を尽くしたか

経費削減（交際費、広告費、交通費、役員報酬の引き下げなど）や労務管理上の配置転換、出向や残業の禁止、新規採用の中止、昇給停止、一時金支給の中止、賃金引き下げ、一時帰休、希望退職募集　など

③ 手続きの妥当性

➡労働者側（労働組合、または労働組合がない場合は全体そして個別）に事前に十分にできるだけ時間をかけて説明し、理解と協力を求める誠意ある措置をとったか

④ 人選の合理性

➡
- 対象者の基準が設定されているか
- その基準に合理性があるか
- 客観的に適用されたか

貢献度	（例）人事評価や出勤率の低い者から対象とする
雇用形態	（例）パートタイマー、常勤契約社員などから対象とし、最後に正社員を対象とする
生活への影響度	（例）配偶者が働いている大黒柱でない者、負担のかかる家族のいないような者から対象とする

8 解雇予告、解雇予告除外認定とは？

労働者をやむなく解雇するときは、30日前の解雇予告が必要

労働者を解雇する場合、**30日前までに解雇予告ができなかった**ときは、**解雇予告手当**として解雇予告日の翌日から最大で**30日分の平均賃金を支払う**必要があります。必要な30日分は休日を含む暦日で計算し、予告日によって解雇予告手当の支払い日数が変わります。中には、**解雇予告がいらない労働者**もいます。例えば、2ヵ月以内の期間雇用者や入社から14日以内で試用期間中の労働者など、または労基署に**解雇予告除外認定**を申請して認められた労働者なども対象です。

除外認定となるケースは、よほどの事情がある場合のみです。原則、解雇を本人に伝える前に、労基署に除外認定を申請して認めてもらいます。天災、または横領などの懲戒解雇のようなケースでも、除外認定の申請がなければ解雇予告または解雇予告手当は必要となります。

ただし、労基法に則り30日前までに解雇予告などを適切に行ったとしても、解雇理由に正当性が認められない場合は解雇無効となります。

予告日と解雇日までの期間による解雇予告手当の取り扱い（30日分）

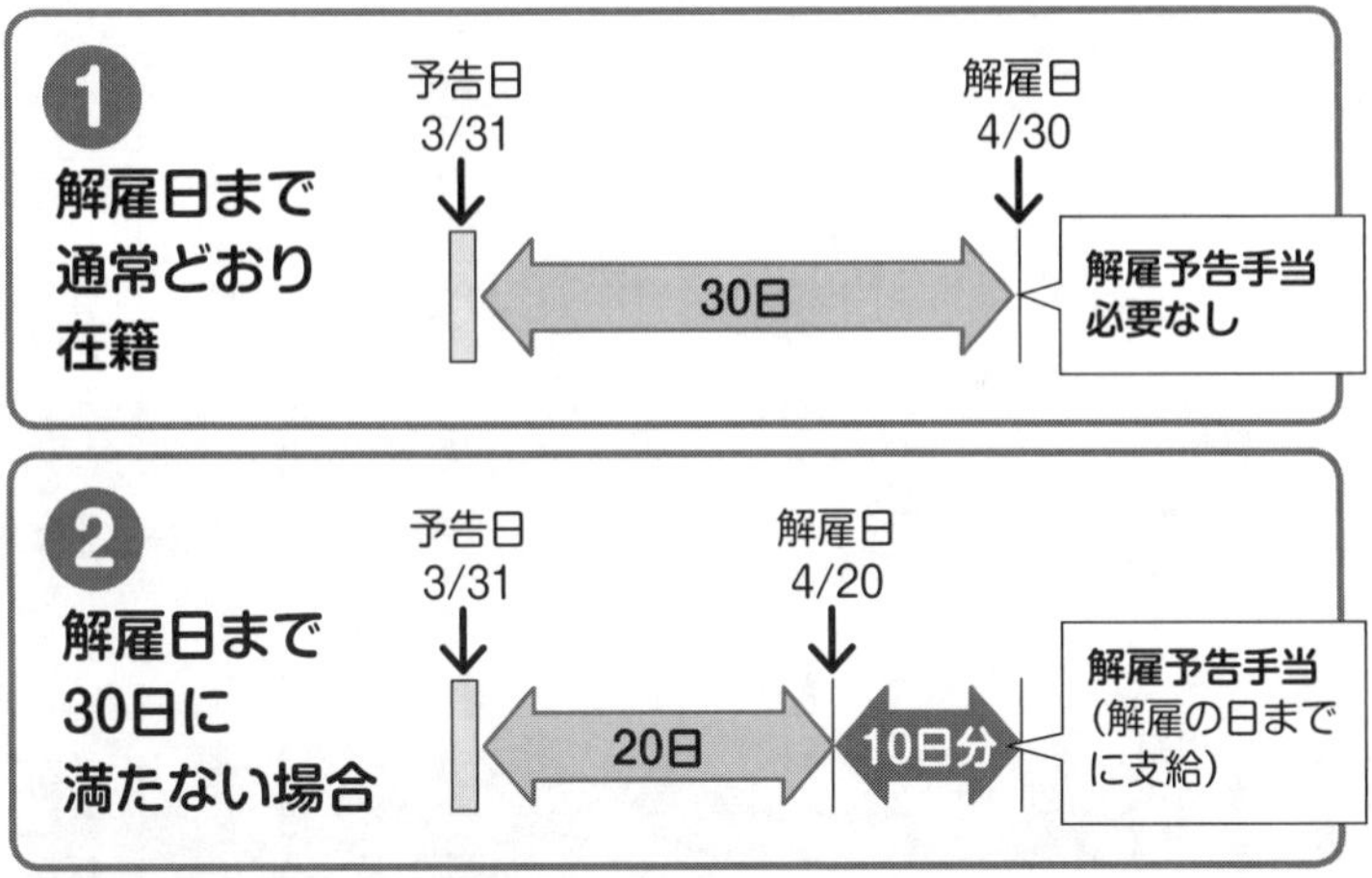

〈解雇予告がいらない労働者〉

①日雇労働者　②２ヵ月以内の期間雇用者

③季節的な業務の４ヵ月以内の期間雇用者

④入社から14日以内の試用期間中の労働者

〈解雇予告除外認定〉

次の事由＋「労基署長の認定を受けた」場合のみ、解雇予告なしでＯＫ

①天災事変その他やむを得ない場合

②労働者に責任のあるやむを得ない場合

（例）社内の金銭横領、出勤の督促に応じない場合の無断欠勤14日以上など

※特に除外認定②については、労働者の特に重大な過失などが判明した場合のみ認められるもので、一般的な事案では通常認定されるものではない

〈解雇できない場合〉

原則、以下の場合は解雇そのものができない

①業務災害による休業期間＋終了後30日

②産前産後休業期間＋終了後30日

ただし①打切補償を支払った、②天災事変＋除外認定なら解雇できる例外あり

その他法律に定められた解雇を認めない条件（不利益取り扱いなど）に該当する場合

9 退職（解雇理由）証明書とは？

労働者の請求により、退職事由（解雇理由）などを証明するための書類

退職する労働者から退職事由、使用期間などの証明を請求されたときは、事業主は原則、**退職証明書**が必要です。労働者はこの証明を退職から2年の間、何回でも請求できます。

また解雇予告日から解雇日までの間に、労働者から**解雇理由証明書**を請求されることもあります。解雇理由については、具体的に示す（就業規則の定めにある解雇理由に該当する場合は第○条第○項も記載）必要があります。しかし、解雇予告された日以後に任意退職（自己都合退職など）をした場合は、交付する必要はありません。なお、**退職後の請求**では、解雇理由証明書ではなく、原則、**退職証明書**として交付します。

では、この退職（解雇理由）証明書が必要となるのは、どんなときでしょうか？

一般的によくあるのは、国民健康保険など他の保険者に加入するときです。しかし、最近増えているのが、労働者が会社へ不当解雇などを訴える準備のために、退職理由をはっきりさせることが目的のケースです。特に懲戒解雇の場合は、争いの場で事業主が証明書に記載した理由に拘束されるので、**解雇の場合は内容を慎重に検討**しましょう。

退職（解雇理由）証明書のポイント

解雇予告日

退職日
（解雇日）

解雇理由証明書

➡解雇予告日から解雇日までに請求された場合の解雇理由の証明書
①解雇理由（就業規則の解雇に係る適用条項数も記載）
②解雇日　など

退職証明書

➡退職（解雇）日以後に請求された場合の証明書
証明する事項は、原則としては以下のとおり
① 使用期間、② 業務の種類、③ その事業における地位（役職）、④ 賃金、⑤ 退職事由（解雇理由〈就業規則の解雇に係る適用条項数も記載〉）

※ただし、労働者から請求のない事項を記載してはいけない

退職（解雇理由）証明書を必要とする場合は？

- 国民健康保険など他の保険者への資格取得もしくは扶養追加
- 再就職先が前職の退職理由を知りたい
- 労働者が会社を訴えることを考えている　　など

Column

失業後の手当と退職事由の関係

「退職するときは、一般的に自己都合より会社都合のほうが得」という話を聞いたことがあるかもしれません。その理由の1つは、退職後にハローワークで手続きする失業手当の受給要件の違いです。では、どのように受給要件が異なるのでしょうか？

●給付制限……通常、自己都合退職は「事業主都合以外の退職」となり、待期期間7日間を経過後、3ヵ月程度の給付制限をされてから受給開始となります。退職勧奨（152ページ参照）や解雇（懲戒解雇を除く）などは事業主都合退職となり給付制限はありません。

●受給日数……原則1年以上の勤続につき、90～150日まで受給日数が定められています。しかし、これが事業主都合退職者には、年齢、勤続年数ごとに最大330日までの受給日数を優遇します。

ときに、事業主が離職理由を自己都合退職として処理したのに、労働者が事業主都合退職であると主張することがあります。この場合、ハローワークから事業主へ「離職理由の経緯」の報告を求められます。事業主側も、よく調べたら事業主都合退職だった場合、雇用保険被保険者離職票記載内容補正願などで離職理由を補正します。そうでない場合は、経過理由書のような任意書式で、会社が自己都合退職と認識した経過理由を記載します。あとでこのような食い違いが起こらないよう、自己都合退職の場合は必ず退職届を受け取りましょう。

第9章

労災が起きたときの対応

1 労災とは？ 労災保険とは？

労災には業務災害と通勤災害があり、いずれも労災保険が使える

労働災害（以下、**労災**）には、**業務災害**（業務上の災害）と**通勤災害**（通勤途中の災害）の2つがあります。**業務災害**は、事業主が労働者に責任を負う必要がある災害です。原則、健康保険が使えないので、補償が医療費だけでも莫大になることがありますが、**労働者災害補償保険**（以下、**労災保険**）からその多くが給付されます。**通勤災害**は、事業主の責任はありませんが、労働者は業務災害とほぼ同じように労災保険から給付を受けられます。

そのため、事業主は**労働者を1人でも雇った場合**、必ず労災保険に加入しなければなりません。労災保険は会社全体で加入するため、1人ひとりの入退社の手続きは必要ありません。保険料も**全額事業主が負担**します。正社員だけではなく、賃金を支払っている**すべての労働者が対象**になります。

ただし、**社長や役員は労働者ではないため、労災保険の対象にはなりません**。そこで、社長、役員のための**特別加入**という制度があります。社会保険労務士に頼めば、労働保険事務組合に業務を委託して特別加入することができます。

労災保険の給付の種類

ケース	保険給付	内　容
病院で治療したとき	**療養（補償）給付**	治療にかかる費用全額（通勤災害の場合、一部負担金有。P.176参照）
療養のため会社を休んだとき	**休業（補償）給付**	４日以上労働できず、賃金の支払いを受けないときに、休業４日目以降、休業１日につき給付基礎日額の８割（うち２割は特別支給金）
療養開始後１年６ヵ月経っても傷病が治癒しないで、障害の程度が傷病等級に該当するとき	**傷病（補償）年金**	傷病等級に応じ、給付基礎日額の313日～245日分の年金 プラスα（障害の程度により） **〈一時金〉**114万円～100万円 **〈年　金〉**算定基礎日額の313日～245日分
傷病が治癒し、障害等級に該当する障害が残ったとき **障害（補償）給付**	**障害（補償）年金**	障害の程度に応じ、給付基礎日額の313日～131日分の年金 プラスα（障害の程度により） **〈一時金〉**342万円～159万円 **〈年　金〉**算定基礎日額の313日～131日分
	障害（補償）一時金	障害の程度に応じ、給付基礎日額の503日～56日分の一時金 プラスα（障害の程度により） **〈一時金〉**65万円～８万円 **〈年　金〉**算定基礎日額の503日～56日分
死亡したとき **遺族（補償）給付**	**遺族（補償）年金**	遺族の人数に応じ、給付基礎日額の245日～153日分の年金 プラスα **〈一時金〉**遺族の数にかかわらず一律300万円 **〈年　金〉**遺族の数に応じ、算定基礎日額の245日～153日分の年金
	遺族（補償）一時金 →年金が受けられないケースで一定の要件に該当した場合	原則給付基礎日額の1000日分の一時金 プラスα **〈一時金〉**遺族の数にかかわらず一律300万円 **〈年　金〉**原則算定基礎日額の1000日分の一時金
死亡した人の葬祭を行うとき	**葬祭給付（葬祭料）**	315,000円に給付基礎日額の30日分を加えた額（その額が給付基礎日額の60日分に満たない場合は、給付基礎日額の60日分）
障害（補償）年金または傷病（補償）年金の受給権者が一定の障害状態に該当し、現に介護を受けているとき	**介護（補償）給付**	原則、常時介護の場合は、介護の費用として支出した額（上限165,150円） 原則、随時介護の場合は、介護の費用として支出した額（上限82,580円）

※カッコ内は、業務災害の場合

2 業務災害が起きたら？

休業した最初の3日間は、事業主が平均賃金の6割を支払う

業務災害とは、**仕事が原因**でケガや病気をしたり、障害が残ったり、死亡したりする災害のことです。事業場内で起こったケガでも、私的な行為は業務災害ではありません。例えば、昼休みにお弁当のリンゴを切ろうとして手をケガしても業務災害ではありません。

業務災害が起こったら、まず病院で治療を受けてもらいます。健康保険は使用できないので、「労災」であることを病院に伝えて**健康保険証を提示せず**に受診します。治療費は、手続きをすれば労災保険から全額補償されます（176ページ参照）。また、**療養のために会社を休まなければならない**場合、**待期期間**と呼ばれる最初の3日間は**事業主が平均賃金**（108ページ参照）**の6割を支払う**必要があります（通勤災害の場合は支払い義務はない）。ただし、4日目以降は**労災保険**から**平均賃金のおよそ8割**が従業員に給付されます。

また、**業務災害で労働者が死亡または休業する場合**は、労基署の安全衛生課に**「労働者死傷病報告」**を提出しなければなりません（180ページ参照）。4日以上の休業か、4日未満の休業かで届出用紙が異なります。通勤災害の場合は提出の必要はありません。

待期期間３日の考え方

被災日が待期期間１日目に入るケース

例）**所定労働時間内**に被災し、病院で診察を受け、その後労働できないとき（土日休みの会社）

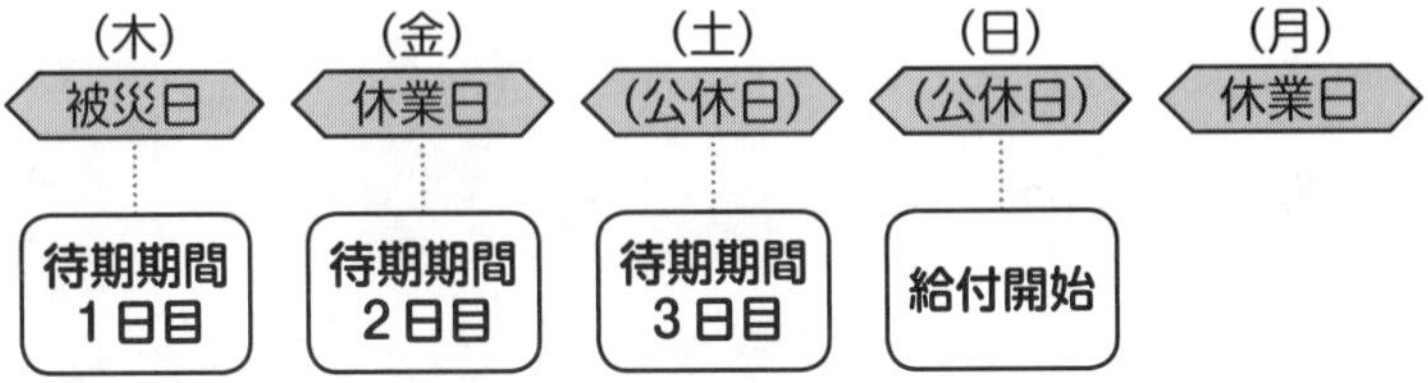

被災日が待期期間１日目に入らないケース

例）**残業中**に被災し、病院で診察を受け、その後労働できないとき（土日休みの会社）

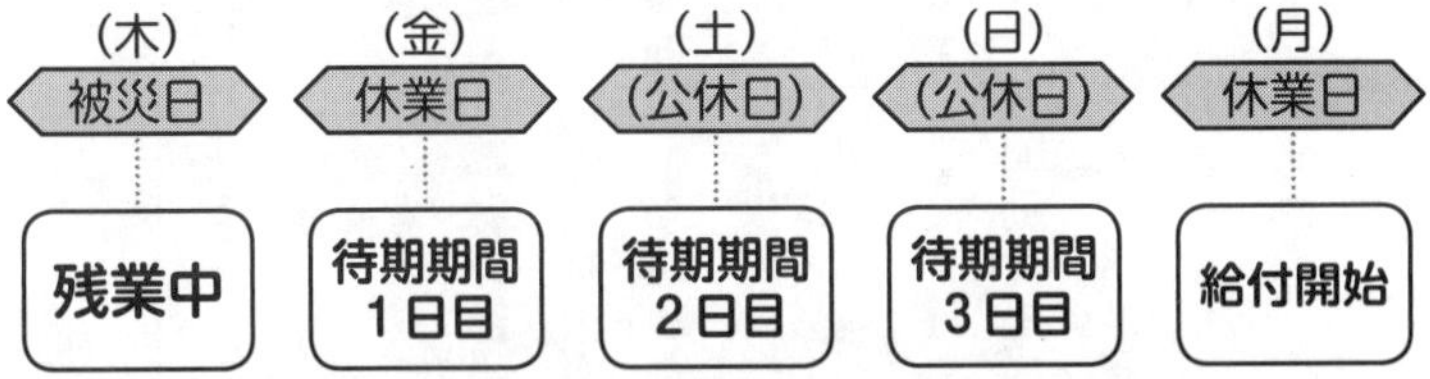

- **待期期間中は会社が平均賃金の６割を休業補償する**
  - ・その間は労災保険からの補償はなし
- **待期期間３日間を経過後、４日目以降は労災保険から平均賃金の約８割が給付される**
  - ・休業補償給付６割＋休業特別支給金２割
- **休業4日目以降に会社が平均賃金の６割以上の給与を支払う場合は労災保険からの補償はない**

3 通勤災害が起きたら？

労災認定は通勤途中かどうかで判断。届出の経路でなくてもＯＫ

通勤災害は、業務災害とは違い、**事業主の責任ではない**ので、休業給付が出るまでの**待期期間3日間の補償**はいりません。また、**労働者死傷病報告**も提出する必要はありません。

しかし、労働者には**労災保険**から業務災害とほぼ同様な給付があるので安心です。

労災保険上、通勤災害と認められるには、**通勤途中か否か**がポイントになります。通勤とは「就業に関し」「住居と就業の場所との間を」「合理的な経路および方法により往復すること」をいいます。「合理的な経路および方法」とは、会社に届け出ている経路や方法以外でも認められます。例えば、バイク通勤を禁止している会社の労働者が、内緒でバイク通勤をしたとしても、これが合理的な経路ならば通勤災害になります。

また、通勤経路を**逸脱**および**中断**した場合は、それ以降、**通勤とは認められません**。同僚とお店に立ち寄り、お酒を呑んだ帰り道で転んで骨折をしても、通勤災害にはならないのです。ただし、日常生活上必要な行為として認められたもの（日用品の購入など）は、逸脱、中断した間を除いて通勤と認められます。

通勤災害の逸脱、中断とは

逸脱 ➡ 通勤の途中で、就業や通勤と関係ない目的で、合理的な経路をそれること

中断 ➡ 通勤経路上で、通勤と関係ない行為を行うこと

●逸脱、中断をした場合、**それ以降は通勤とは認められない**

（例）通勤（帰宅）の途中で、通勤経路上にある居酒屋に立ち寄り、飲食をした後、再び通勤経路上に戻った場合

居酒屋内	居酒屋を出た後
⬇	⬇
通勤とは認められない	通勤とは認められない

●逸脱、中断が**日常生活上必要な行為**なら、その間を除き**通勤と認められる**

（例）通勤（帰宅）の途中で、通勤経路上にあるコンビニ店に立ち寄り、水などを購入した後、再び通勤経路上に戻った場合

コンビニ店内	コンビニ店を出た後
⬇	⬇
通勤とは認められない	通勤と認められる

4 療養（補償）給付の手続きの仕方は？

労災指定医療機関で受診するか否かで、手続きの流れが違う

病院で受診した治療費は、原則、労災保険から全額支給されるため個人負担はありません。ただし通勤災害の場合、一部負担金として200円（日雇特例被保険者については100円）が、休業給付を受けた場合に限り、初回の休業給付から控除されます。

労災保険における**療養（補償）給付**は、労災指定医療機関で必要な診療、薬剤そのものを受ける現物給付が原則です。**労災指定医療機関で受診した場合**、病院の窓口に健康保険証を提出する代わりに、**療養補償給付たる療養の給付請求書**に必要事項を記載し、事業主の証明を受けて提出します。被災者本人は治療費の支払いをすることなく受診ができます。実際は緊急でまず病院で受診したあとに書類を作成、提出することがほとんどです。

近くに労災指定病院がなく、**労災指定医療機関以外で受診した場合**、治療費を一度全額支払います。**療養補償給付たる療養の費用請求書**に医師の証明および事業主の証明を受けたら、医療機関でもらった領収書を添付して**労基署**に提出します。労基署で受理されたあと、原則、被災者本人が希望した振込口座に治療費全額が返金されます。

療養補償給付たる療養の給付請求書（業務災害用）の記入例

様式第５号(表面)　労働者災害補償保険
業務災害用
複数業務要因災害用
療養補償給付及び複数事業労働者療養給付たる療養の給付請求書

裏面に記載してある注意事項をよく読んだ上で、記入してください。

標準字体	0	1	2	3	4	5	6	7	8	9	゛	゜	ー

アイウエオカキクケコサシスセソタチツテトナニヌ
ネノハヒフヘホマミムメモヤユヨラリルレロワン

標準字体で記入してください。

※帳票種別	34590
①管轄局署	
②業通別（1業 3通）	1
③保留（1全レセ 3全給付）	
⑥処理区分	
④受付年月日	※
⑤労働保険番号（府県・所掌・管轄・基幹番号・枝番号）	13101123456789
⑦支給・不支給決定年月日	※
⑧性別（1男 3女）	1
⑨労働者の生年月日（1明治 3大正 5昭和 7平成 9令和）	5450501
⑩負傷又は発病年月日	250328
⑪再発年月日	※
⑫労働者の シメイ(カタカナ)：姓と名の間は１文字あけて記入してください。濁点・半濁点は１文字として記入してください。	イシカワ タロウ
氏名	石川　太郎（42歳）
⑯郵便番号	164-0001
住所	フリガナ ナカノ クナカノ 中野区中野○-○-○
職種	営業
⑬三者（1自 3労 5他）	※
⑭特疾（1特定疾病）	
⑮特別加入者	
⑰負傷又は発病の時刻	午前・(後) 3時 20分頃
⑱災害発生の事実を確認した者の職名、氏名	職名 課長 氏名 杉本正夫

※印の欄は記入しないでください。（職員が記入します。）

⑲災害の原因及び発生状況　(あ)どのような場所で(い)どのような作業をしているときに(う)どのような物又は環境に(え)どのような不安全な又は有害な状態があって(お)どのような災害が発生したか(か)⑩と初診日が異なる場合はその理由を詳細に記入すること

３階の倉庫から２階の会議室へ営業資料が入った段ボール箱（80×50×30㎝）を抱え、社内の階段を使って運んでいたところ、階段を踏み外してしまい、右足をひねったため捻挫した。

⑳指定病院等の 名称	○○中央病院　電話（03）0000-0000
⑳指定病院等の 所在地	中央区日本橋○-○-○　〒　-
㉑傷病の部位及び状態	右足首捻挫

⑫の者については、⑩、⑰及び⑲に記載したとおりであることを証明します。　年　月　日

事業の名称	株式会社アップル　電話（03）0000-0000
事業場の所在地	中央区日本橋○-○-○　××ビル２Ｆ　〒　-
事業主の氏名	代表取締役　山田　司 （法人その他の団体であるときはその名称及び代表者の氏名）
労働者の所属事業場の名称・所在地	電話（　）　-

（注意）１　労働者の所属事業場の名称・所在地については、労働者が直接所属する事業場が一括適用の取扱いを受けている場合に、労働者が直接所属する支店、工事現場等を記載してください。
２　派遣労働者について、療養補償給付又は複数事業労働者療養給付のみの請求がなされる場合にあっては、派遣先事業主は、派遣元事業主が証明する事項の記載内容が事実と相違ない

折り曲げる場合には（◀）の所を谷に折りさらに２つ折

業務災害と通勤災害では
用紙が異なるので注意！

※2020年9月1日の法改正により労災給付、労災認定等について複数の会社で働く人の申請が追加され、その他の就業先の有無等の記入箇所が設けられました。

5 休業（補償）給付と休業特別支給金の手続きの仕方は？

事業主と医師の証明を受けて、所定の請求書を労基署に提出

労働者が労災により労働することができない場合、**労災保険**から**休業（補償）給付**と**休業特別支給金**が支給されます（同じ用紙で申請）。支給されるには、①業務上または通勤途中による負傷や疾病の療養で労働ができないこと、②賃金の支給がないこと、③待期期間3日間（172ページ参照）が完了していることの3つの条件が満たされる必要があります。

まだ労働することができないという**医師による労務不能の証明**がなければ、休業（補償）給付を受けることはできません。例えば、自己判断で勝手に仕事を休んでいる場合には補償を受けられないので、必ず通院して医師による証明をもらう必要があります。

手続きの流れは、**休業補償給付支給請求書**（様式第8号）に療養のため労働できなかった期間を記載し、**労基署**に提出します（通勤災害の場合は、休業給付支給請求書〈様式第16号の6〉）。その期間にかかる事業主の証明、医師の証明を記載します。休業が長く続く場合は、給料のように1ヵ月くらいの期間に区切って請求するとよいでしょう。

休業補償給付支給請求書（業務災害用）の記入例

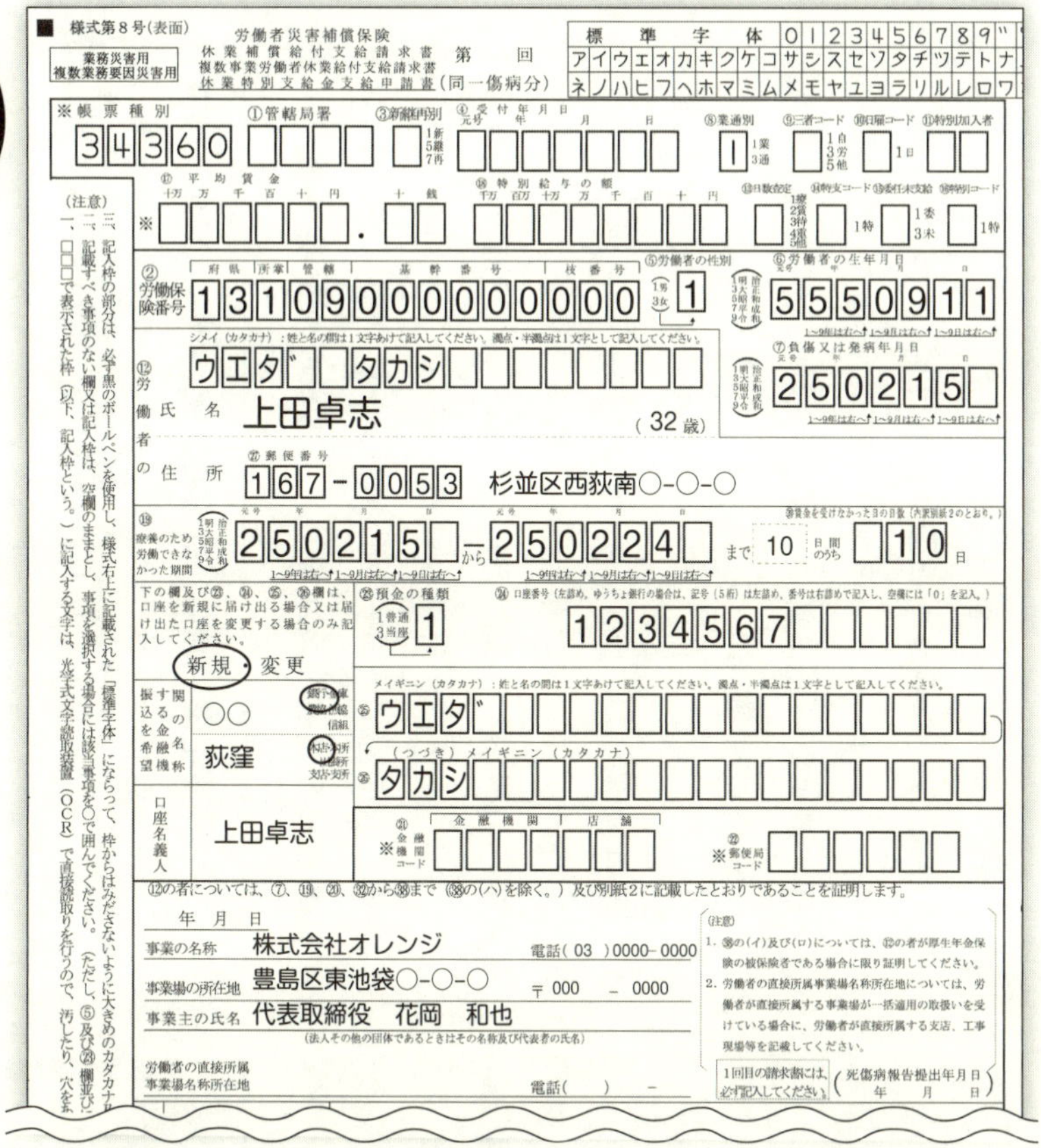
様式第８号（表面）

業務災害用
複数業務要因災害用

労働者災害補償保険
休業補償給付支給請求書
複数事業労働者休業給付支給請求書
休業特別支給金支給申請書（同一傷病分）
第　回

標準字体 0 1 2 3 4 5 6 7 8 9 ゛゜
アイウエオカキクケコサシスセソタチツテトナ
ネノハヒフヘホマミムメモヤユヨラリルレロワ

※帳票種別 34360　①管轄局署　③新継再別（1新 5継 7再）　④受付年月日（元号 年 月 日）　⑧業通別 1（1業 3通）　⑤三者コード（1自 3労 5他）　⑩日雇コード（1日）　⑪特別加入者

⑰平均賃金（十万 万 千 百 十 円 . 十 銭）　⑱特別給与の額（千万 百万 十万 万 千 百 十 円）　⑬日数認定　⑭特支コード　⑮委任未支給　⑯特別コード

②労働保険番号（府県 所掌 管轄 基幹番号 枝番号） 1310900000000
⑤労働者の性別（1男 3女） 1
⑥労働者の生年月日 5550911
⑦負傷又は発病年月日 250215

⑫労働者の氏名 シメイ（カタカナ） ウエダ　タカシ　上田卓志（32歳）
の住所 ㉗郵便番号 167－0053　杉並区西荻南○-○-○

⑲療養のため労働できなかった期間 250215 から 250224 まで 10日間のうち ⑳賃金を受けなかった日の日数 10日

下の欄及び㉓、㉔、㉕、㉖欄は、口座を新規に届け出る場合又は届け出た口座を変更する場合のみ記入してください。

新規・変更（新規に○）
㉓預金の種類（1普通 3当座） 1
㉔口座番号 1234567
振込を希望する金融機関の名称 ○○（銀行） 荻窪（本店・支店）
㉕メイギニン（カタカナ） ウエダ
（つづき）メイギニン（カタカナ） タカシ
口座名義人 上田卓志
㉑金融機関コード　㉒郵便局コード

⑫の者については、⑦、⑲、⑳、㉜から㊳まで（㊳の（ハ）を除く。）及び別紙2に記載したとおりであることを証明します。
年　月　日
事業の名称 株式会社オレンジ　電話（03）0000-0000
事業場の所在地 豊島区東池袋○-○-○　〒000-0000
事業主の氏名 代表取締役　花岡　和也
（法人その他の団体であるときはその名称及び代表者の氏名）
労働者の直接所属事業場名称所在地　電話（　）－

（注意）
1．㉝の（イ）及び（ロ）については、⑫の者が厚生年金保険の被保険者である場合に限り証明してください。
2．労働者が直接所属する事業場名称所在地については、労働者が直接所属する事業場が一括適用の取扱いを受けている場合に、労働者が直接所属する支店、工事現場等を記載してください。
1回目の請求書には、必ず記入してください。（死傷病報告提出年月日　年　月　日）

（注意）
一、□□□で表示された枠（以下、記入枠という。）に記入する文字は、光学式文字読取装置（OCR）で直接読取りを行うので、汚したり、穴をあ…
二、記載すべき事項のない欄又は記入枠は、空欄のままとし、事項を選択する場合には該当事項を○で囲んでください。（ただし、⑤及び㉓欄並びに…
三、記入枠の部分は、必ず黒のボールペンを使用し、様式右上に記載された「標準字体」にならって、枠からはみださないように大きめのカタカナ…

休業4日目以降に会社が平均賃金の6割以上の給与を支払うと労災保険からの補償はない！

※2020年9月1日の法改正により労災給付、労災認定等について複数の会社で働く人の申請が追加され、その他の就業先の有無等の記入箇所が設けられました。

6 労働者死傷病報告とは?

休業の必要がある業務災害の場合に提出する

業務災害で休業する場合、労働者死傷病報告を**労基署**に提出します。1日も休業しない場合は、提出の必要はありません。また、通勤災害の場合は事業主の責任ではないので、休業したとしてもやはり提出する必要はありません。

労働者死傷病報告は、**4日以上の休業**か**4日未満の休業**かで、**提出する用紙が違う**ので注意しましょう。4日未満の休業の場合、発生した業務災害を期間ごとにまとめて報告します（1～3月分は4月末日まで／4～6月分は7月末日まで／7～9月分は10月末日まで／10～12月分は1月末日まで）。

注意点は、労災が起こったときに、「軽微な事故だし、手続きするのは大変だから」と労災保険を使わずに会社で補償する場合です。労災保険を使わなくても休業が必要な事故の場合は、必ず労働者死傷病報告を提出しなければなりません。提出を忘れると労働安全衛生法違反となり、**罰則（50万円以下の罰金）の対象**になります。「労災隠し」を疑われることにもなるので、必ず提出を忘れないようにしましょう。

労働者死傷病報告（4日以上）の記入例

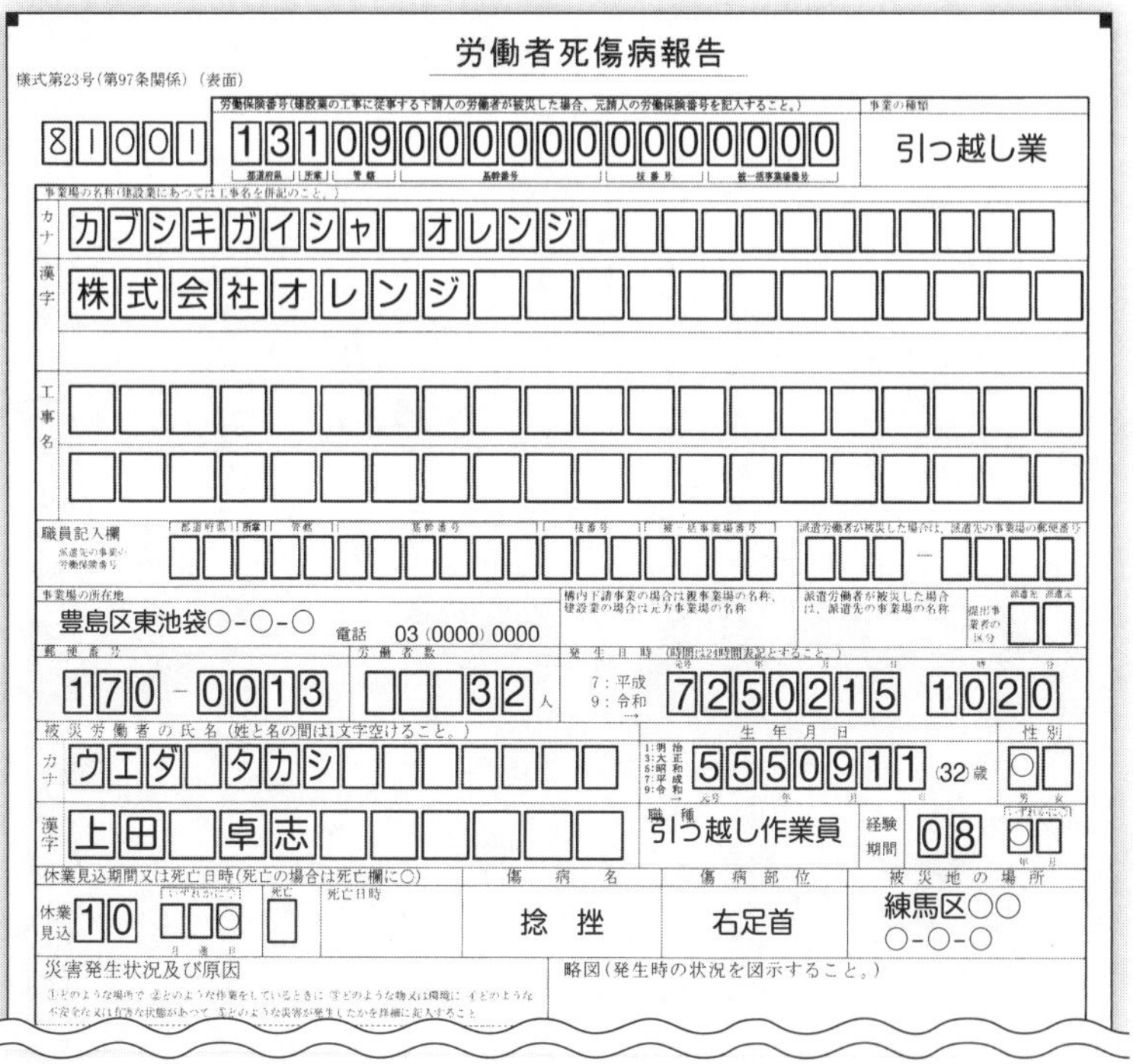

労働者死傷病報告

様式第23号（第97条関係）（表面）

労働保険番号：81001 13109000000000000000

事業の種類：引っ越し業

事業場の名称　カナ：カブシキガイシャ　オレンジ

漢字：株式会社オレンジ

工事名：

職員記入欄

事業場の所在地：豊島区東池袋○-○-○　電話 03（0000）0000

郵便番号：170-0013

労働者数：32人

発生日時：7250215 1020（7：平成　9：令和）

被災労働者の氏名（姓と名の間は1文字空けること。）

カナ：ウエダ　タカシ

漢字：上田　卓志

生年月日：5550911（32）歳

性別：男

職種：引っ越し作業員

経験期間：08

休業見込：10日

傷病名：捻挫

傷病部位：右足首

被災地の場所：練馬区○○○-○-○

災害発生状況及び原因

略図（発生時の状況を図示すること。）

- 休業4日未満のときは報告書が異なる
- 建設工事で下請企業の労働者が死亡または休業したときは、労働者を直接雇用している事業者（下請企業）が死傷病報告を提出する
- 派遣労働者が派遣中に死亡または休業したときは、派遣先および派遣元の事業者がそれぞれ死傷病報告を提出する

Column

労災保険を使うと労基署の調査が入る？

労災保険を使うと、すぐに労働基準監督官の臨検が行われると思っている人が大勢います。

実はこれらの監督指導は、通常は重大な事故が起こった場合や、頻繁に事故が発生した場合に行われます。うっかり階段で足を滑らせて、ちょっとケガをしてしまった程度のことでは滅多に来ません。調査の可能性が高いのは、業務用の機械などを使って事故が起こった場合や、労災がたびたび続く場合、切断や死亡事故のように重大な事故の場合です。

ただし、労働者死傷病報告を提出すると、労働災害再発防止対策書の作成と労働災害再発防止講習会への参加案内が来ることもあります。これらが来たからといって、事業場全体がすぐに調査されるものではなく、対策書に記入して、講習会には責任者が参加することが大切です。

また、ケガをしたのは労働者の過失だから、労災保険からの補償は出ないと思っている人もいます。でも、ケガのほとんどは本人に過失があって起こるものです。少しでも過失があったら支給しないのであれば、労災保険の意味がなくなってしまいます。労災保険は原則労働者が故意または重大な過失により発生させた事故でなければ支給されることになっています。労災と認められるかどうかは労基署が判断するので、おりるかどうかわからない場合は、とりあえず申請してみましょう。

第10章

労働安全衛生法のポイント

1 安全衛生管理体制とは?

各種管理者の選任、安全衛生委員会の設置、開催など労働災害への対策を行う

安全衛生管理というと、一般的な業種とは縁が薄いように思われますが、例えばサービス業の会社でも労基署の調査があると、よく不備を指摘される事項です。

労働者10人以上50人未満の規模の事業場では、**衛生推進者**（業種によっては**安全衛生推進者**）の選任をします。また、労働者50人以上の規模の事業場であれば、**衛生管理者**（業種によっては加えて**安全管理者**）と**産業医**を選任し労基署への届け出もします。特に衛生管理者は、通常は指定された試験を受けて合格した人がなるので（その他条件で認められる人あり）、有資格者が会社にいない場合には、労働者を試験に合格させるか、新たに資格を持っている労働者を雇い入れなければなりません。衛生推進者も衛生管理者も、誰が選任されたか労働者に周知します。選任した者に対して辞令などを交付して額などに入れ、任命の旨を掲示しておくとよいでしょう。また、労働者が多いと**安全委員会**（労働者50人以上の建設業など、労働者１００人以上の各種商品卸売業、旅館業など）、**衛生委員会**（労働者50人以上の全業種）の設置と開催が必要です。

安全委員会、衛生委員会の設置が必要な事業場の規模

業種＼委員会	林業、鉱業、建設業、製造業の一部の業種（木材・木製品製造業、化学工業、鉄鋼業、金属製品製造業、輸送用機械器具製造業）、運送業の一部の業種（道路貨物運送業、港湾運送業）、自動車整備業、機械修理業、清掃業	製造業のうち左欄にあげた以外の業種、運送業のうち左欄にあげた以外の業種、電気業、ガス業、熱供給業、水道業、通信業、各種商品卸売業・小売業、家具・建具・じゅう器等卸売業・小売業、燃料小売業、旅館業、ゴルフ場業	その他の業種
安全委員会	50人以上	100人以上	設置の義務はなし
衛生委員会	業種にかかわらず 50人以上の事業場		

※「働き方改革」により「産業医・産業保健管理機能の強化」と「長時間労働に対する面接指導」が強化されました（P.7参照）。

- **委員会は毎月１回は開催し、議事録を作成し３年間は保存する。労働者にも議事録を周知させる**
- **委員会の設置が必要ではない規模（労働者数50人未満など）は、安全または衛生に関する事項について、労働者の意見を聴くための機会を設けなければならない**
- **安全委員会と衛生委員会の両方が必要な場合は、それぞれに代えて、安全衛生委員会の設置でも可**

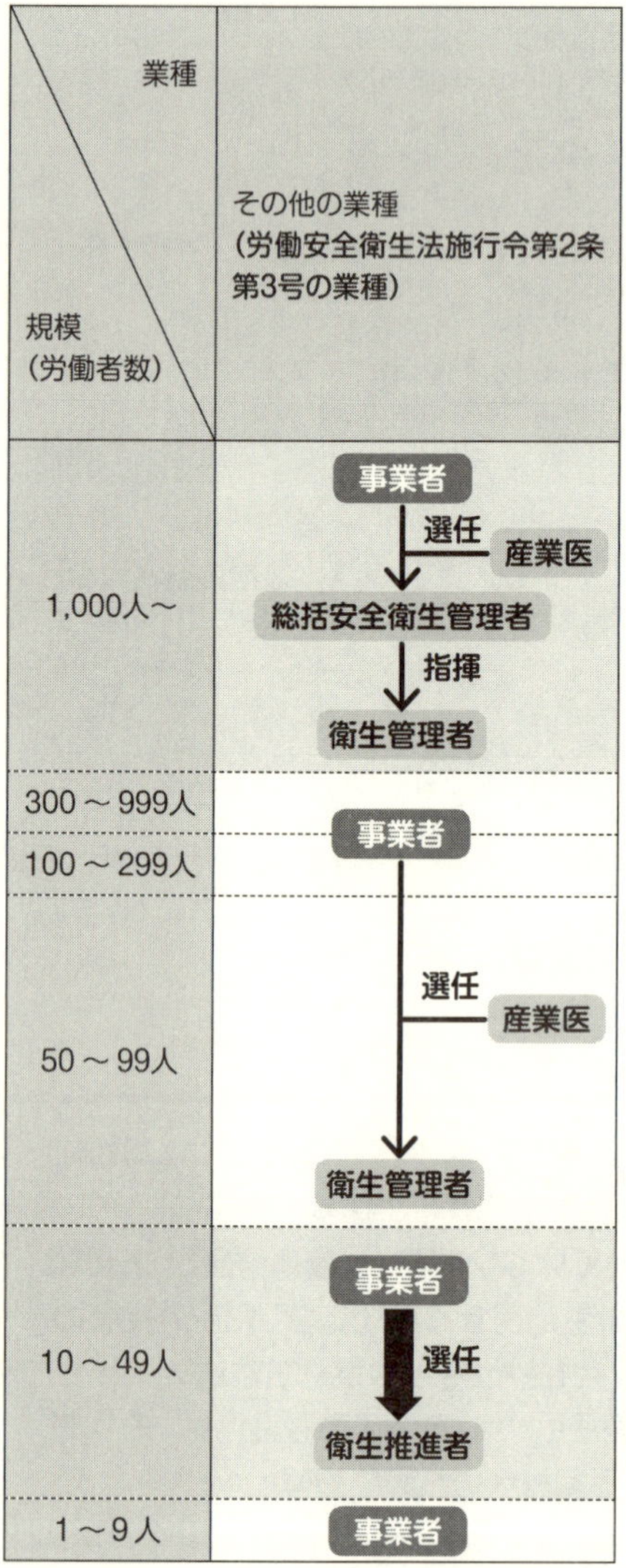

参考：東京労働局労働基準部『中小規模事業場の安全衛生管理の進め方』

常時1,000人以上の労働者を使用する事業場と、一定の有害な業務に常時500人以上の労働者を従事させる事業場は、専属の産業医を選任する義務がある

従業員が50人以上の事業者は、衛生管理者や安全管理者、産業医を選任した上で、労基署に報告する必要があるので注意

※業種の区分は「総括安全衛生管理者などの選任」と「安全委員会、衛生委員会の設置が必要な事業場の規模」では異なるので注意

総括安全衛生管理者などの選任

業種 ／ 規模（労働者数）	林業、鉱業、建設業、運送業、清掃業（労働安全衛生法施行令第2条第1号の業種）	製造業（物の加工業を含む）、電気業、ガス業、熱供給業、水道業、通信業、各種商品卸売業、家具・建具・じゅう器等卸売業、各種商品小売業、家具・建具・じゅう器等小売業、燃料小売業、旅館業、ゴルフ場業、自動車整備業、機械修理業（労働安全衛生法施行令第2条第2号の業種）

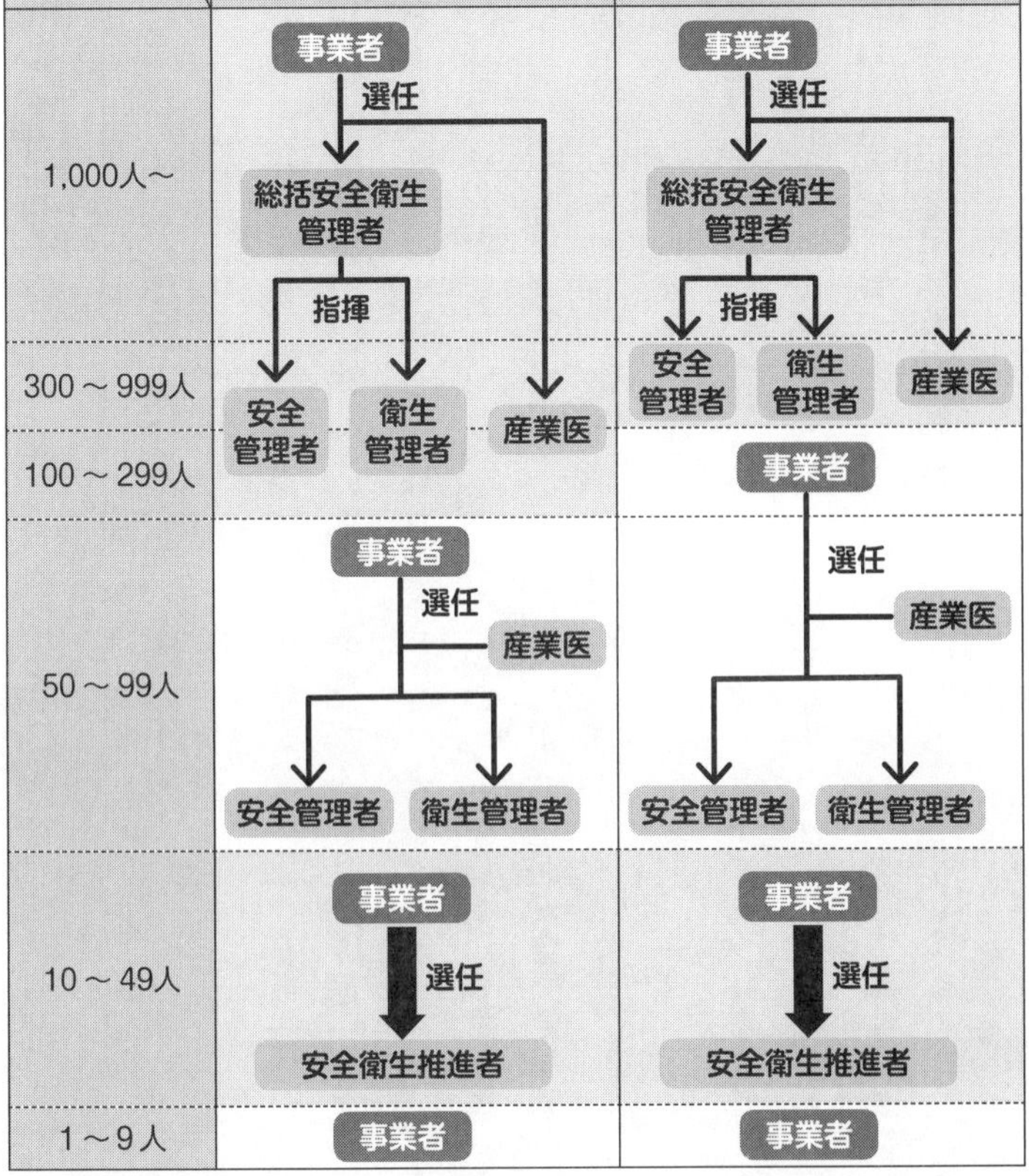

※労働者には常時使用するパートタイマー、アルバイトなど、および派遣労働者を含む

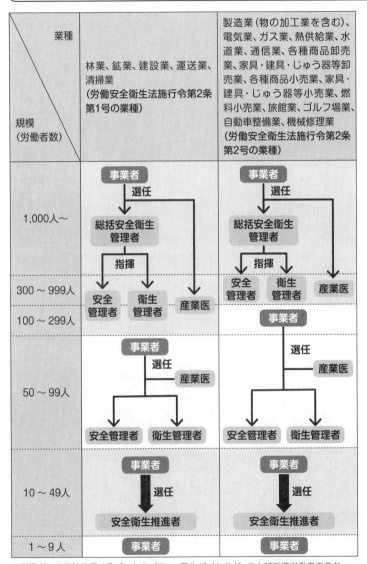

2 安全衛生教育とは？

労働災害などを防止するため、労働者に適切な教育を実施する

現場作業員の多い、建設業、貨物運送業、製造業などは、**重大事故**につながる可能性が高く、また、社会福祉施設では労働災害が増加しています。事業主は大切な労働者の安全を守るために、**安全衛生教育**に力を注ぐ必要があります。

「機械の作業方法の教育」「熱中症の防止対策」「健康診断の実施」など、日頃から**労働災害防止対策**をしっかりしておかないと、業務災害があったときには事業主が**安全衛生配慮義務違反**を問われ、損害賠償が発生します。また、行政処分で業務停止や、労働安全衛生法違反や、業務上過失致死による刑事処分などで新聞に載ることもあります。

労働者に対する安全衛生教育や訓練については、法令上実施することが義務づけられているものと、個々の事業場が独自の判断で実施するものとがあります。法令のものは最低でも実施します。労基署には、各業界向けの安全衛生管理のハンドブックなども置いてあります。こういったものを参考にして、業界に合った安全衛生教育を行いましょう。

安全衛生教育の種類

労働安全衛生法に基づく教育など
● 雇入れ時の安全衛生教育 ● 作業変更時の安全衛生教育 ● 職務教育 ● 免許、技能講習 ● 特別教育 ● 安全衛生教育および指針 ● 能力向上教育 ● 健康教育など ● 労働災害防止業務従事者講習
事業場が行う自主的な教育、訓練など
〈事業場内で実施するもの〉 ● 安全衛生講習会の実施 ● 安全衛生大会などの実施 ● 消火訓練、避難訓練（法令のものを除く）などの実施 ● OJTの実施 ● 安全朝礼などの実施 ● TBM（ツールボックスミーティング）、KY（危険予知）活動などの実施 ● 管理監督者による指導 ● 安全衛生パトロール時などの指導 ● 災害発生事例および再発防止対策の周知 ● ヒヤリ・ハット事例および安全衛生対策の周知 **〈事業場外で実施するもの〉** ● 労基署などが開催する講習会などへの参加 ● 各安全衛生関係団体などが開催する講習会などへの参加 ● 発注者、元請などが開催する講習会などへの参加

参考：厚生労働省東京労働局ホームページ

3 ストレスチェックとは？

労働者のメンタルヘルス不調を予防するための制度

ストレスチェックは、ストレスに関する質問票に労働者が回答し、それを集計・分析することで、各人の**ストレス状態を調べる検査**です。目的は、労働者が自分のストレスを把握した上で解消に努め、また高ストレスの場合は、医師の面接による指導のもと、必要に応じて会社に業務軽減などの措置の実施を促すことで、メンタルヘルス不調を予防することにあります。また、対象労働者は常時使用する労働者となり、契約期間が1年未満の労働者や、労働時間が通常の労働者の4分の3未満の労働者は対象外です。ストレスチェックは、**従業員50人以上の事業場で、毎年1回以上の実施**が義務付けられています。

実施のポイントは、**制度担当者**（人事権を持つ者も可）、**実施者**（医師・保健師等）、**実施事務従事者**（人事権を持つ者は不可）、面接指導を実施する**医師**を決めることです。調査には国が推奨する職業性ストレス簡易調査票（57項目）を使うことがほとんどで、調査結果は実施者から直接労働者に通知されます。労働者の同意なく会社へ通知はできません。プライバシー保護に留意し、労働者が安心して受けられる仕組みが必要です。

ストレスチェック実施の流れ

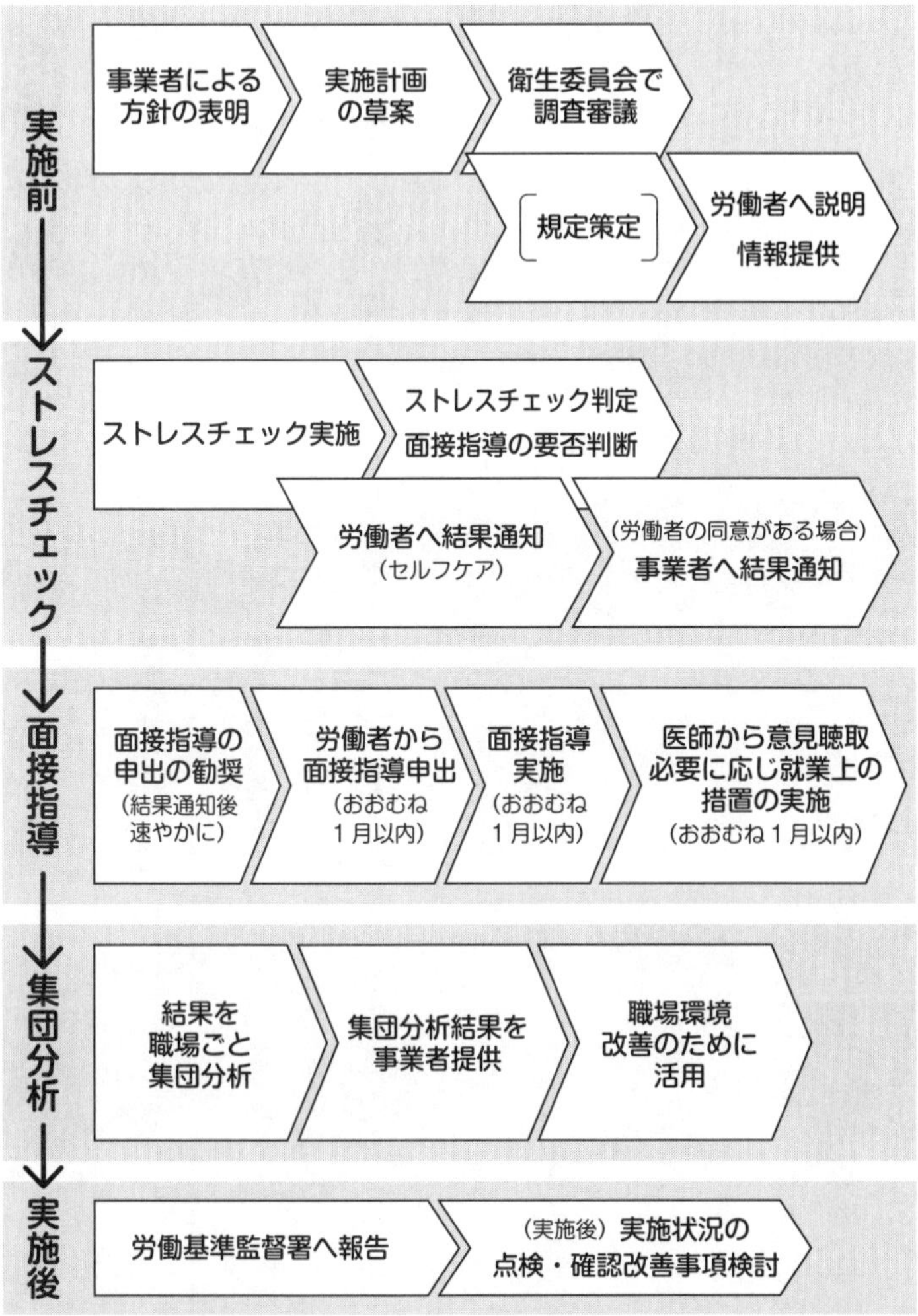

※ストレスチェック結果の集団分析、および集団分析結果に基づく職場環境改善は努力義務とされている。

※ストレスチェックに基づく、解雇等の不利益な取り扱いは禁止。

4 健康診断とは？

1年に1回の定期健康診断などを事業主負担で行う

労働安全衛生法では、事業主は**常時使用する労働者**に対して**健康診断**を実施する義務があります。またパートタイマーも、一定の要件に該当する場合は実施が必要です。

一般健康診断には、「雇入れ時の健康診断」「定期健康診断（1年以内ごとに1回）」「特定業務従事者の健康診断（深夜業を含む業務などに従事する者について、配置替えおよびその後6ヵ月ごとに実施）」などがあります。**特殊健康診断**は、危険有害業務（粉じん作業、有機溶剤取扱作業など）に常時従事する労働者に対して、雇入れの際と、その業務への配置替えの際、および定期的に実施します。

健康診断の**費用は事業主が負担**します。一般健康診断に必要な時間に**賃金を支払うか否かは任意**です。正社員は一般的に業務時間内に健康診断を行いますが、労働日数の少ないパートタイマーなどの場合は、賃金を支払わない場合もあります。一方、特殊健康診断は業務の一環と解釈されるため、賃金を支給しなければなりません。また異常所見がある場合は二次健診を受けさせたり、医師などの意見を聴いて、必要に応じて措置を講じます。

一般健康診断における「常時使用する労働者」とは

原則、1年以上の継続雇用が見込まれ
または1年以上継続雇用している場合であって
1週間の所定労働時間が常勤従業員の3/4以上である
パートタイマーなど(非正社員)には
健康診断を行わなければならない

定期健康診断の項目　※1年以内ごとに1回

健康診断項目	省略基準(医師が必要でないと認めるとき)
既往歴および業務歴の調査	
自覚症状および他覚症状の有無の検査	
身長、体重、腹囲、視力および聴力	身長：20歳以上 腹囲：35歳を除く40歳未満の者　など
胸部エックス線検査およびかくたん検査	40歳未満で一定の要件に該当しない者　など
血圧の測定	
貧血検査	40歳未満(35歳を除く)
肝機能検査	
血中脂質検査	
血糖検査	
尿検査	
心電図検査	40歳未満(35歳を除く)

〈注意事項〉 深夜業を含む業務に従事する場合は、その業務への配置替えと6ヵ月以内ごとに1回の特定業務従事者の健康診断が必要

定期一般健康診断とその後の流れ

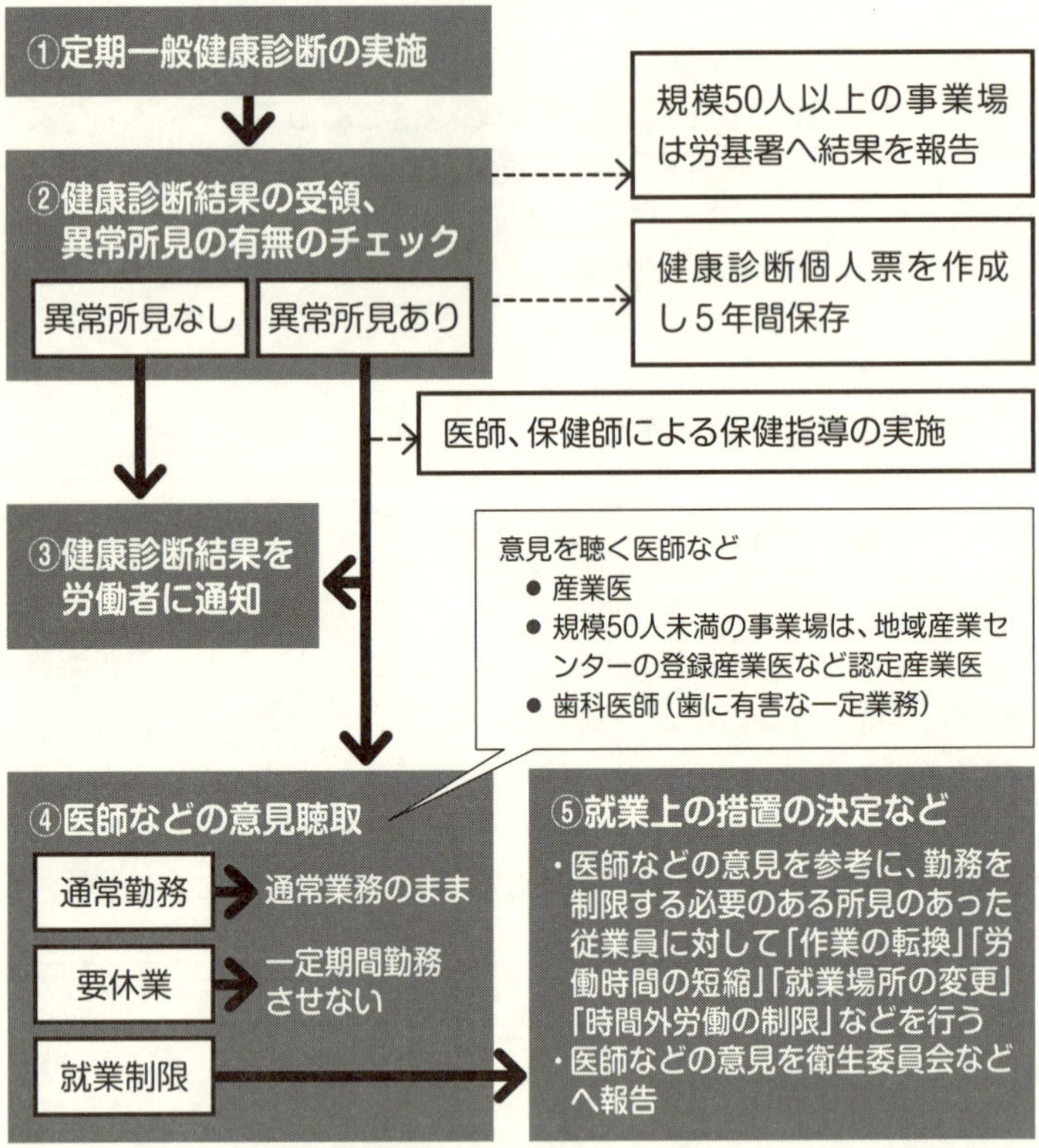

脳血管疾患および心臓疾患の発症に関連する検査項目に異常所見が認められる場合に、労災保険による二次健康診断の給付対象となる労働者への通知、受診の勧奨、手続きなどの支援を行う

健康診断の結果は会社が必ずチェックする。個人情報の中でもデリケートなものなので、担当者を決め、慎重に取り扱うようにする（健康情報を取り扱う担当者には法律上の守秘義務がある）

第11章

就業規則、諸規程のルール

1 就業規則とは？

会社全体の労働条件などのルールを定めたもの

労働者数10人以上の事業場は、**就業規則**を作成し**労基署**へ届け出なければなりません。就業規則とは、守るべき規律や労働条件など**事業場全体のルール**を定めたものです。会社と労働者相互に**効力**を発揮します。例えば事業主はルールを守れない労働者に対し、就業規則での記載を根拠として**懲戒**などを行うことができます。反対に労働者は記載された権利を主張できます。また、**労働者数10人未満**の事業場は就業規則の作成義務はありませんが、例えば私傷病で認める休職期間を個人ごとにその場その場で決めるのは大変ですし、不公平にもなるので、事前に定めておいたほうが問題が起きません。

就業規則を作成したら、**労働者代表の意見書**を添付し、**労基署へ提出**します。労働者の代表とは、事業場ごとに①労働者の過半数で組織する労働組合がある場合はその**労働組合**、②労働組合がない場合は**労働者の過半数を代表する者**をいいます。就業規則は労働者へ**周知**しなければ効力を持ちません。周知とは、労働者が**いつでも見られる状態**にしておくことです。配布、休憩室に設置、社内イントラネットでの掲載なども方法の1つです。

就業規則の種類と届出

就業規則の種類は…

正社員就業規則、パートタイマー就業規則、契約社員就業規則
賃金規程、退職金規程、育児・介護休業規程、慶弔規程、
セクハラ・パワハラ規程　　など

届出の手続きは…

●常時10人以上の労働者を使用する事業場

正社員	パート労働者
3人	7人

➡ **届出義務あり**

●労働者代表の意見書を添付して労基署へ提出

就業規則（変更）届〈例〉

令和○年○月○日

○○労働基準監督署長　殿

今回、当社の就業規則を作成致しましたので
社員代表の意見書を添付のうえお届けします。

事業所所在地：○○○○
事業所名称：株式会社○○○
使用者職氏名：代表取締役○○○　㊞

意見書

令和○年○月○日

株式会社○○○
代表取締役　○○○

令和○年○月○日付をもって意見を求められた
就業規則案について下記の通り意見を提出します。

記

特に意見ございません。

株式会社○○○
従業員代表　○○○○　㊞

就業規則（変更）届と意見書は1枚で併用したほうが簡単

※窓口では概ねの変更箇所は説明できるようにしましょう。

意見の内容は問わないので、意見がない場合は意見がない旨を記入

労働者の過半数を代表する者とは、次の両方にあてはまる人
- 監督または管理の地位にない人
- 意見書提出のために、投票、挙手などの方法で選ばれた人

事業主が指名した人は認められない！

2 就業規則で定めることは？

絶対的、相対的記載事項のほかに、任意的記載事項の定めがポイント

就業規則に記載する内容には、**絶対的記載事項**、**相対的記載事項**、**任意的記載事項**があります。必ず記載しなければいけないのが絶対的記載事項、会社で定めた場合は必ず記載しなければならないのが相対的記載事項、記載するしないは自由なのが任意的記載事項です。

絶対的記載事項には、賃金や労働時間および退職など、労働者にとって一番大事な部分を記載します。**相対的記載事項**の一例としては、退職金があります。退職金を支給するかしないかは会社の自由ですが、支給することにした場合、支給対象者や金額などのルールを定めなければなりません（110ページ参照）。**任意的記載事項**には、近年、個人・顧客情報などデータ流出防止や、パワーハラスメント、セクシャルハラスメント、マタニティハラスメントなどに関することを記載することが大切です。なぜなら、ひとたび問題が起きれば**会社の責任を問われる**ことになるので、就業規則の服務規程、懲戒規程に記載するなどして、会社としてできる限りの対策をする必要があるからです。

就業規則に記載する内容

絶対的記載事項　→必ず記載する

①労働時間に関すること……始業・終業時刻、休憩時間、休日、休暇、交替制の場合の就業時転換
②賃金に関すること…………賃金の決定・計算・支払い方法、賃金の締切・支払い時期、昇給
③退職に関すること…………退職（解雇の事由含む）

相対的記載事項　→定めた場合は記載する

①退職金に関すること……………適用労働者の範囲、退職金の決定・計算・支払い方法、支払い時期
②臨時の賃金などに関すること…退職金以外の賞与や臨時の手当、最低賃金額
③食費などの負担に関すること…食事、作業用品、そのほかの負担
④安全・衛生に関すること
⑤職業訓練に関すること
⑥災害補償に関すること…………災害補償および業務外の負傷や病気の扶助
⑦表彰・制裁に関すること………表彰および制裁の種類・程度　など
⑧その他……旅費、福利厚生、試用期間、配転、出向、休職　など

任意的記載事項　→記載するかしないかは自由

服務規律、セクシャルハラスメント、個人情報保護・守秘義務、教育訓練、指揮命令、人事異動、社用車の利用　など

3 正社員就業規則とは？

就業規則の各種規程の中心となるもの

正社員に適用する規則のことを一般的に、**正社員就業規則**、または**正社員規程**といいます。**就業規則の本則部分**とも呼ばれ、正社員以外のパート社員などの就業規則を作成する際にはこちらを基とします。就業規則に盛り込む事項は前ページであげたとおりですが、実際に何を定めたらよいか迷うかもしれません。正社員就業規則の構成は、ある程度決まったパターンがあり、そのパターンにあてはめて作成すれば要点を盛り込めます。会社によって多少違いはありますが、次のような構成が一般的です。

①総則、②人事、③勤務、④服務規律、⑤賃金、⑥安全及び衛生、⑦表彰及び懲戒、⑧その他

厚生労働省などが公開している**モデル就業規則**もあるので参考にするとよいでしょう。ただし、モデル就業規則は雇用形態別に分かれていなかったり、企業規模が考慮されていないなど、丸写しすると実態と合わなくなり、会社にとって不利益につながります。自社の現状に合った内容に適宜変更することが重要です。

正社員就業規則の目次例

第1章　総則 ← 総則に適用範囲を定める

第2章　人事

第1節　採用
第2節　休職（P.130参照）
第3節　退職及び解雇

第3章　勤務

第1節　勤務時間及び休憩、休日
第2節　時間外・深夜勤務及び休日勤務等
第3節　年次有給休暇・特別休暇・その他休暇
第4節　出退勤

第4章　服務規律

第5章　賃金 ← 賃金や退職金は項目数が多くなるので別規程で定めたほうがよい

第6章　安全及び衛生

第7章　表彰及び懲戒（P.158参照）

↑ 特に懲戒解雇事由は限定列挙する

第8章　その他

厚生労働省のモデル就業規則を利用するときの注意点

- **割増賃金の割増率** ➡ 月60時間を超える時間外労働の割増率には50%以上となっているが、中小企業は猶予されており25%以上であればよい（P.90参照）
- **退職金について** ➡ 正社員、パート社員別々に支給の有無を明示する

4 賃金規程とは？

基本給や諸手当、給与改定など賃金に関する詳細をまとめて記載する

賃金に関することは**絶対的記載事項**なので、必ず記載しなければなりません。就業規則の中に盛り込むとわかりにくくなるため、通常は**別途、賃金規程で定めます。諸手当**には次のようなものがあり、それぞれどういう条件の人に、いくら支給するかを明示しておきましょう。

給与の種類は、基本給以外の**諸手当**についても記載します。

①役職手当、②家族手当、③住宅手当、④通勤手当、⑤残業手当　など。

また、**昇給に関する事項**も絶対的記載事項ですので、昇給があるなしにかかわらずその旨を記載しなければなりません。今では、昔と違って昇給だけでなく降給する場合も少なくないので、どちらにも対応できるように**給与改定**（112ページ参照）としたほうがよいでしょう。

一般的に、正社員は臨時の賃金として**賞与**もあるので、賞与に関しても記載します。

賞与に関しては**相対的記載事項**なので、支給する場合には記載しなければなりませんが、支給しない場合であっても支給しない旨を記載しておくとトラブルが防げます。

賃金規程の目次例

第1章　総則

第1条　適用範囲
第2条　賃金の種類
第3条　賃金締切日・支払日
第4条　賃金の支払方法
第5条　遅刻・早退・欠勤の控除方法

第2章　基本給と諸手当

第6条　基本給
第7条　役職手当
第8条　家族手当
第9条　住宅手当
第10条　通勤手当
第11条　時間外・深夜・休日割増手当
第12条　休職中の賃金
第13条　災害補償等

第3章　賞与

第14条　賞与の支払時期
第15条　賞与の算定期間
第16条　賞与の支給条件

第4章　給与改定

第17条　定時改定
第18条　臨時改定等

第5章　退職金 ← 別規程で定めるとよい

適用範囲の記載例

（適用範囲）

第○条　この規則は就業規則第○条に基づき正社員の賃金を規定し、非正社員、パートタイマー等その他の者には適用しない。

　これらの者は非正社員等就業規則及び各自個別の雇用契約書による。

5 パートタイマーなど非正社員就業規則とは?

正社員とは労働条件が違うので、別規程にしたほうがトラブルを防げる

正社員以外にも、**契約社員**、**パートタイマー**や**アルバイト**、**嘱託社員**など（以下、非正社員）を雇っている会社も多くあります。正社員と同じ規程にしてしまうと、退職金や休職制度など異なる事項も多いのでトラブルにつながります。わかりやすくするためにも**別途規程を作成**しておいたほうがよいでしょう。また、正社員の就業規則で「非正社員などは別途定める」と記載してあっても、その別規程がない会社もあります。その場合は、**正社員の規程が非正社員などにも適用される**ので注意しましょう。

具体的には、正社員の就業規則の中で「ただし、契約社員、パートタイマーについては、別途定める規程を適用する」といった文を入れた上で、別規程を作成します。

非正社員の場合、人によって勤務時間などが異なるので、就業規則では大枠を示し、詳細は個別の契約で定めます。また、一般的に正社員と違い休職制度を設けることは少ないです。賞与、退職金に関しても、支給する場合はもちろんのこと、支給しないならしないと、きちんと定めておくことがトラブルを防ぐ上で大切です。

非正社員就業規則の目次例

第1章　総則
第2章　人事
第1節　採用
第2節　退職及び解雇
第3章　勤務
第1節　勤務時間及び休憩、休日
第2節　時間外・深夜勤務及び休日勤務等
第3節　年次有給休暇・特別休暇・その他休暇
第4節　出退勤
第4章　服務規律
第5章　賃金
第6章　安全及び衛生
第7章　表彰及び懲戒
第8章　その他

記載例
（退職金）原則、支給しない
（賞　与）原則、支給しない
ただし寸志を支給する場合がある

6 退職金規程とは？

退職金を支給すると定めた場合は規程を作成する

退職金は**就業規則の相対的記載事項**なので、制度がある場合は記載する必要があります。就業規則の本文に盛り込むと長くてわかりにくいので、通常、別に**退職金規程**として作成します。文章量が少なければ**賃金規程に盛り込んでもよいでしょう**。

退職金は**必ず支払わなければならないわけではありません**。退職金制度がない場合は、**退職金を支給しない旨を記載**しておけばトラブルを避けられます。また、パート社員などに支給しない場合も明確に記載しておきましょう。

退職金制度を定めると廃止するのは難しいので、継続可能な制度を選ぶことが大切です。

退職金算定方法はさまざまですが、中小企業でよく利用されているのは次の2つです。

① **中小企業退職金共済制度（中退共制度）**を利用し、掛金の基準を定め、支給金額は制度に委ねる方法（正社員は5000円～。掛金金額は経費算入）。

② **最終基本給や一定の金額（1年間に5万円など）×勤続年数別の会社都合退職（自己都合退職）掛率**で計算する方法。

退職金規程の目次例

正社員以外には適用しない場合はその旨記載する

勤続年数３年未満の労働者には不支給とする会社が多い

第1条　適用範囲

第2条　支給要件

第3条　支給額

第4条　勤続月数の計算

第5条　特別功労金

第6条　退職金の不支給・減額・及び返還

第7条　支払の時期及び方法

第8条　控除

第9条　遺族の範囲及び順位

第10条　退職金の返還

第11条　改定

特に功労があった場合は会社が上乗せ支給することがあるが、定めなくてもよい

懲戒解雇などの場合に支給しないことがあるならその旨を記載する

労使協定があれば貸付金などの控除ができる。退職金から控除する場合は退職金総額の４分の１が限度となり、それ以上控除する場合は労働者と個別に同意書が必要

7 育児・介護休業規程とは？

育児・介護のための休業、休暇、時間短縮などの規程が必要

育児休業、**介護休業**は、就業規則で必ず定めなければいけない**休暇**に含まれます。育児・介護休業の**付与要件**、**取得手続き**、**休業期間**などを記載する必要がありますが、改正頻度が高く、細かな内容になるので、就業規則に盛り込まず**別規程**で定めたほうがよいでしょう。法律自体が、育児・介護休業法なので、育児と介護の2つの内容が合わさった雛形が出ています。それを利用すると改正に対応しやすくなるのでおすすめです。

育児・介護休業法では、育児休業について「労働者は1歳に満たない子について事業主に申し出ることにより子を養育するため休業をすることができる」と定めています。その他、子育て中の**短時間勤務制度**や**所定外労働免除**、**子の看護休暇**なども設けられているので、規程に要件や手続きを記載します。介護休業についても類似した制度があるので同じように作成を進めます。育児・介護休業を取得できる労働者について、**労使協定で一定の範囲の労働者を適用除外**とすることができます。なお、育児・介護休業中など働かなかった時間について、給与はノーワーク・ノーペイの考え方で無給として問題ありません。

育児・介護休業規程に記載する内容(P.137参照)

- **育児休業**……休業の対象者、申出の手続き、申出の撤回、期間など
- **介護休業**……休業の対象者、申出の手続き、申出の撤回、期間など
- **子の看護休暇**
- **介護休暇**
- **育児・介護のための所定外労働をさせない制度、時間外労働、深夜業の制限**
- **育児短時間勤務**
- **介護短時間勤務**……フレックスタイム制、始業・終業時刻の繰り上げ・繰り下げなどでも可
- **育児・介護休業期間の給与、社会保険料などの取り扱い、育児休業等に関するハラスメント防止、その他の事項**

Check ✓

- □ 育児短時間勤務は、原則6時間（通常の所定労働時間が7時間45分の場合は5時間45分～6時間）となっているか
- □ 介護短時間勤務は、所定労働時間8時間の場合は2時間以上、7時間以上の場合は1時間以上の短縮となっているか
- □ 短時間勤務を適用した場合、給与は実労働時間分のみ支給するかしないかを定めているか
- □ 固定残業制度のある会社の場合は、短時間勤務や所定外労働をさせない制度などを適用した場合に固定残業手当を支給するか否かを定めているか
- □ 育児・介護休業期間の給与を無給にするか、有給にするかを明示しているか
- □ 賞与算定期間中に育児・介護休業期間などがある場合、日割りなどで控除するかどうかを明示しているか
- □ 退職金算定にあたり、育児・介護休業期間を勤務期間から外すかどうか明示しているか

Column

就業規則の不利益変更とは？

使用者は、労働者と合意することなく、就業規則の変更により労働者に不利益になるような労働条件に変更することはできません。ただし、「変更後の就業規則を労働者に周知し」、かつ「変更が合理的なものである」という要件を満たせば変更することができます。合理的かどうかは次の判断要素によります。

①労働者の受ける不利益の程度
②（使用者にとって）労働条件の変更の必要性
③変更後の就業規則の内容の相当性
④労働組合など（労働者の過半数を代表する者など）との交渉状況
⑤その他の就業規則の変更に係る事情
・代償措置その他関連する他の労働条件の改善状況
・他の労働組合や他の労働者の対応
・同種事項に関するわが国社会における一般的状況

変更可能な例として、給与支払い日の変更があります。給与計算期間が短く、労働者の増加によって支払い日に対応できなくなったような場合です。事前に労働者によく説明し、実施までの期間を十分設け、支払い日が延びることによりローンの返済に困るようなことがあれば貸付金制度などの措置をとります。

不利益変更で特に注意が必要なのは、賃金、退職金の変更です。労働組合が納得しても、個別で訴えられて負ける場合もよくあります。できるだけ個別同意の文書をとりましょう。

第12章

労基署の調査への対応

1 労働基準監督署はどんな調査をする？

申告監督、定期監督、災害時監督、再監督などを行う

税務署の税務調査と同じように、**労働基準監督署**（以下、**労基署**）も定期、臨時に調査を行っています。

調査では労基法や労働安全衛生法など法律違反がないかをチェックされ、もし法律違反があれば**是正勧告**、また法律違反以外で改善する必要があることは**指導**を受け、事業主は指摘事項を一定期日までに改善して報告する必要があります。主な調査は次の4つです。

申告監督とは、**労働者からの内部告発や相談**によって行われる調査です。サービス残業や解雇予告手当が支払われないなど、労働者からの申告があった場合に実態を調査します。

定期監督とは、監督署が管轄する事業場のリストから**任意に選んで行う**調査です。法律違反がないか、一般的な事項を調査します。これは問題のない会社でも、また労働者数名の小さい会社でも調査の対象となりますので日頃から備えておく必要があります。

災害時監督とは、大きな業務災害が起こったときなどに行われます。

再監督とは、是正に従わない事業場への再調査や、監督後の状況などを再調査します。

労基署と労働基準監督官

労働基準監督官とは

法律違反があった場合、逮捕、送検する権限を持つ特別司法警察員

事業場の立入調査により、
- 帳簿および書類の提出を求める
- 機械、設備などを調べる
- 事業主や労働者に質問をする

などの権限を持つ

労基署の調査の種類

申告監督
労働者の申告による調査

定期監督
任意の選択による調査
（密かに申告監督の場合も）

災害時監督
大きな業務災害が発生したことによる調査

再監督
是正に従わない、もしくはその後の状況の再調査

臨検監督とは

監督官が事業場に立ち入り、労働基準関係法令違反の是正のための行政指導や危険性の高い機械などについて「使用停止等」の行政処分を行う

2 定期監督とは？

事業場の規模、業種、問題のあるなしにかかわらず調査対象となる

定期監督は、税務調査と違って数年に一度必ずあるとは限りません。そのため、労基署から調査の知らせがあると、誰かが労基署へ相談に行ったのではないかと考えがちです。労働者からの相談を隠して、定期監督として調査することもあります。しかし原則、問題がない事業場であっても、規模が大きくても小さくても、どんな業種であっても定期監督は行われます。

定期監督で指摘されて困ることは、やはり**未払い残業代**の問題です（234ページ参照）。指摘されると、原則はさかのぼって2年間分の未払い残業代を、従業員に一定期日までに支払わなくてはならないため大問題になります。

また、労働安全衛生法関係の不備もよく指摘されます。事業場に必要な各種管理者が選任されていない、**健康診断**を定期的に受けさせていない、健診結果通知が会社に保管されていない、再健診の指導をしていないことなどです。

日頃からチェック事項を確認し、問題がないようにしておきましょう。

定期監督で労働条件等に関する調査の主なチェック事項

Check ✓

法定帳簿などが
揃っているか
（労働者名簿、賃金台帳、タイムカード、労働条件通知書など）

Check ✓

未払い賃金はないか
（タイムカードの集計方法が合っているか、残業代の未払いや代休の未振替分など）

Check ✓

就業規則の作成、
労基署への提出
（10名以上の事業場）が
されているか

Check ✓

有給休暇の
管理は適切か
（有給休暇管理表があるか）

Check ✓

法定健康診断が
行われ個人票があるか。
その後の指導は適切か

Check ✓

36協定、変形労働時間制
などの**各種協定書**が
あるか
36協定の限度時間を超えて
働かせていないか

Check ✓

安全衛生関係の
資格者、管理者を
選任しているか

50名以上の事業場の場合

・健康診断の結果報告書を労基署に提出しているか
・衛生委員会などの委員会を定期的に開催しているか
・産業医を選任し、労基署に届け出ているか

3 申告監督とは？

労働者から労基署への申告により行う調査

最近、労働者が労基署に「賃金が支払われない」「有給休暇をとれない」といった相談に訪れるケースが増えています。**労働者の申告により調査する**ことを、**申告監督**といいます。例えば、Aさんから「突然解雇されたにもかかわらず、解雇予告手当が支払われていない」という申告があり調査する、といったケースです。この場合は、特に該当者の雇入通知書や賃金台帳、タイムカードなどの労働条件の書類を重点的に求められます。

ただし、監督官は必ずしも「誰からの申告か」を明かすとは限りません。事業主に労基署に相談に行ったことを明かさないでほしいという相談者の場合は、「定期監督です」といわれることもあります。また、同じ事業場から、未払い残業があるというような複数の訴えがある場合も、特定の個人というより事業場全体が調査の対象となります。

調査は、監督官が事業場へ来訪する（**臨検**）ことも、事業主や総務担当者が労基署へ訪問する（**呼出し調査**）こともあります。もし相談者が誰かがわかっている場合は、事前に事情のわかっている職場の上司や関係者からよく話を聞いておきましょう。

申告監督は労働者からの相談により行われる

相談者が誰かわかっていても不利益取り扱いをしてはならない

解雇の対象にする
減給の対象にする
懲戒の対象にする　など

→ **これらの取り扱いは一切許されない！**

在職中のトラブルに関する相談例

- 有給休暇をとらせてもらえない
- 残業代が支払われていない
- 事業主の命令による休業を余儀なくされたが、休業手当の支払いがない

退職時のトラブルに関する相談例

- 解雇されたにもかかわらず解雇予告手当の支払いがない
- 会社都合の解雇で退職したはずなのに自己都合退職といわれた

4 労基署の調査の流れは？

監督官の指示に従い、調査に必要な書類を揃える

突然、**事業場に監督官が訪問する**ことがあります（臨検）。訪問されたら、最初に身分証を見せてもらいましょう。**身分を確認**した上で、責任者がいないときは「今わかる人がいない」とはっきり伝えて、**再度訪問してもらう**ほうがいいでしょう。すぐにその場で調査する必要がなければ、改めて日時を設定してもらえます。最初の段階で、調査の目的、調査日時、監督官が事業場へ来るのか、こちらが行くのか、準備書類は何かを教えてくれます。また、**事前連絡**が来ることもあります。調査のお知らせの通知が書面で送られて来る、または監督官から一度電話がかかってきて、その後書面が郵送やファクスで送られて来ます。

調査が行われる場所は、労基署か事業場です。監督官の指示に従います。調査の日時は、指定された日時で都合がつかないなら、すぐに担当の監督官に連絡を入れて変更してもらいましょう。2、3候補日をあげると調整してくれます。調査までに、必要な書類（221ページ参照）を揃えておきましょう。調査が終了するまでの流れは、次ページのとおりです。

労基署の調査に関する一連の流れ

事前連絡ありの調査
（臨検または呼出調査）

事前連絡なしの調査
（臨検（立入調査））

〈調査当日〉
調査の目的に応じて、
- 就業規則、タイムカード、賃金台帳などの準備書類から労働条件などの把握
- 機械、設備などの安全性の確認
- 事業主、労働者への質問事項の聴取　など

法違反事項あり → **是正勧告書**の交付

法違反ではないが指導事項あり → **指導票**の交付

違反、指導事項なし → 調査終了

未改善、未報告

違反事項の改善 → **是正報告書**の提出

指導事項の改善 → **指導報告書**の提出

改善できず報告書を提出できない場合、その後の再調査　など　→**再監督**

- **法律違反（是正勧告）の場合のみ**

再監督の結果も改善できない場合、重大または悪質な場合　など　→**送検**など

設備などの安全性確認では使用停止等命令が出されることも！

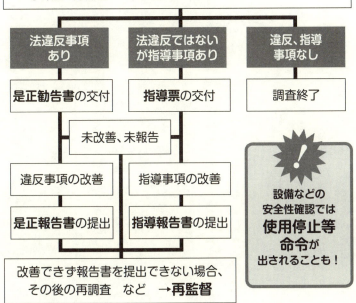

5 調査を受けるときのポイントは？

事前に法律違反に気づいたら、すぐに改善策を打っておく

調査のお知らせが届いた場合は、**準備書類**（次ページ参照）を用意します。その確認中に、今まで気づかなかった法律違反に気づくことがあります。例えば、準備書類の中に36協定があった場合、万が一、労基署に36協定を提出していなければ、調査を待たずただちに提出します。健康診断を受けさせていなければ、急いで受けさせましょう。法律違反は、気づいたときにすぐに改善します。調査日以前に、法律違反を改善しておくことは、調査を受ける上でプラスにもなります。一方、法律違反があるからといって書類を改ざんしてはいけません。例えば、賃金台帳やタイムカードを未払い残業を隠す目的で書き直すなどは、**悪質な行為**となります。

また調査の折に事業主の中には、「小さい会社が法律どおりしていたら潰れてしまう」と話す方もいます。しかし監督官は、法令の定め方が正しいかを判断する権限はありません。事業場があくまでも**法令の定めを遵守しているか**を調査するのが職務です。**礼儀正しく、指摘に対しては素直に応じる**ことが、調査をスムーズに終わらせるポイントです。

労働条件等に関する調査で指定される主な準備書類

- □ 就業規則一式
- □ 労働者名簿
- □ 労働条件通知書（雇用契約書）
- □ 時間外労働・休日労働に関する協定（36協定）
- □ 1年単位の変形労働時間制に関する協定、その他協定届、協定書一式（適用がある場合）
- □ 賃金台帳
- □ タイムカード（出勤簿）
- □ 年次有給休暇管理簿
- □ 健康診断個人記録票

50人以上の会社の場合

- □ 安全委員会、衛生委員会議事録
- □ 安全管理者、衛生管理者選任報告
- □ 産業医選任報告
- □ 定期健康診断結果報告

労働条件等に関する調査以外に、安全衛生に関する取り組みや災害に関する調査も多い

6 是正勧告書、指導票とは？

法律違反・指導事項に対して、労基署から交付される書面

監督官により法律違反が見つかれば、**是正勧告書**が交付されます。法律違反とまでいかないが改善する必要があれば**指導票**になります。事業主は、その指導内容に従い、是正、改善をした上で、最終的にその内容を監督官へ報告することになります。

是正勧告書、指導票は、調査の終了と同時に渡してくれる場合もありますが、あとで事業主が労基署へ受け取りに行く場合もあります。交付されたらよく内容を確認し、**①いつまでに、②具体的に何をしなければいけないか**など、監督官に詳しく確認しましょう。

例えば、残業時間の端数処理が誤っていたという場合は、本来の正しい処理方法がわからなければ改善できません。報告書以外に改善された証拠となる書類の提出を求められることもあります。必要な**添付書類**も、併せて確認しましょう。

また、内容によっては期限までに改善できないこともあります。例えば、就業規則の作成、届出などは、一度作成するとそれが会社のルールとなるため、慎重に作成する必要があり時間がかかります。こうした場合は監督官に事情を説明して期限の延期を交渉します。

是正勧告書の文面の例

是正勧告書

令和 ○ 年 6 月 5 日

株式会社○○○○○○
代表取締役　　○○○○　殿

○○労働基準監督署
労働基準監督官　○○○○　㊞

貴事業場における下記労働基準法違反については、それぞれ所定期日までに是正の上、遅滞なく報告するよう勧告します。

なお、法条項に係る法違反（罰則のないものを除く。）については、所定期日までに是正しない場合又は当該期日前であっても当該法違反を原因として労働災害が発生した場合には、事案の内容に応じ、送検手続をとることがあります。

法条項等	違反事項	是正期日
労基法第32条	時間外労働に関する協定及び届出がない	即時
	にも関わらず、1週40時間、1日8時間	・・
	を超えて労働させたこと。	
労基法第89条	常時10人以上の労働者を使用しているに	○・7・5
	も関わらず、就業規則を作成し、労働基準	・・
	監督署に届け出ていないこと。	・・
		・・
		・・
受領年月日 受領者職氏名	令和 ○ 年 6 月 6 日 総務部長　○○○○　㊞	(1)枚のうち (1)枚　目

7

是正報告書、指導報告書とは？

監督官による指導事項を改善したら、報告書を期限までに提出

是正（指導）報告書の作成は、任意の様式でかまいません。監督官が雛形をくれるのでそこに記入するか、パソコンで作成します。

報告内容は、是正勧告書や指導票から**違反事項もしくは指導事項の内容**を写し、「〇〇〇しました」と改善報告します。また、この報告書を提出する他に、改善の**証拠書類の添付**が必要な場合もあります。例えば、未払い残業代の支払い報告は賃金台帳などの添付を求められます。管理監督者の勤怠記録がなかったような場合は、「勤怠表を作成して雛形を提出」などと指示されるので添付します。

期限までに改善が間に合わない場合は、すぐに**監督官に相談**します。合理的な理由があれば期限を延期してくれます。その際は経過報告を入れることを求められたり、すでに改善が終わった部分の報告書をいったん提出して、遅れている部分は後日報告するなど、監督官の指示に従います。報告書が作成できたら、監督官へ提出する前に、電話やファクスなどで「内容はこれでよいか」と確認をとっておくとスムーズに処理できます。

是正報告書の例

是正報告書

令和○年7月5日

○○　労働基準監督署長　殿

事業の名称　　　株式会社○○○○○

事業の所在地　○○○○○○2-2　ABCビル1F

使用者職氏名　代表取締役　○○　○○　　㊞

令和○年6月5日付に、是正勧告書により指導された事項について、是正のために講じた措置を下記のとおりご報告いたします。

記

違反の法条項 指導事項	違反事項に対する是正のため講じた 措置内容	是正完了 年月日
労基法第32条	「時間外労働・休日労働に関する協定届」を労働者代表と締結し、労働基準監督署に届出を致しました。	令和○年 7月5日
労基法第89条	作成した就業規則を労働基準監督署に届出を致しました。	令和○年 7月5日

以上

Column

使用停止等命令とは？

使用停止等命令とは、使用停止、立入禁止、変更命令などのことです。施設、設備に不備があり、労働者に急迫した危険がある場合、労働災害防止のために出されます。

災害時監督やそれ以外の場合でも出されることがあります。

例えば監督官が、労災事故が起こりやすい工場や建設現場などに、現場の安全を確認に立入調査することがあります。そこで監督官は、安全対策がきちんとされているか、危険箇所はないかを調べます。例えば、建設現場に手すりがあるか、工場の機械に安全装置があるかなどです。

もし危険だと判断されたら、すぐに改善を求められ、使用停止等命令が出されることになります。再び監督官の調査（再検）などにより、安全性が確保されたと判断され、使用停止等命令が解除されるまでは使用ができなくなります。

大手ゼネコン会社の建設現場のように人材が揃っているため、その場で改善できることもありますが、通常はすぐに改善することが難しいので、使用停止状態が続くことになります。こうなると場合によっては、売り上げに響くことになりかねませんが、これも人命にかかわることですから仕方がありません。

日頃から安全対策を施し、従業員の安全のため、また納期が遅れて取引先に迷惑がかかることのないように、万全を期しておきましょう。

第13章

労働トラブルの対処法

1

個別労働紛争とは？

賃金や残業時間など、労働条件をめぐる労働者と会社間のトラブル

個別労働紛争とは、**個々の労働者と事業主との人事労務管理上の紛争**をいいます。例えば、賃金や残業時間、解雇などの個人の労働条件をめぐるトラブルのことです。

このようなトラブルが起こった場合、通常、労働者は会社に直接交渉をしますが、最近ではさまざまなところに相談するようになってきました。労基署や社外の合同労働組合、弁護士事務所などです。こういったところから突然、調査（監督）や交渉の通知などが送られてくることもあります。どこから来たのかよく調べて対処します。

労基法違反は、**労基署**が取り締まります。申告監督（216ページ参照）で是正勧告が出た場合は素直に従いましょう。また不当解雇、配置転換などの労基法以外の民事に関する問題は、**労働紛争解決機関**（労働局の紛争調整委員会）などが対応します。解決しなければ最終的には裁判所が判断します。相手に対して論理的に毅然と対抗することは必要ですが、最後まで争うと時間もコストもかかります。どこかで和解を考えることも大切です。早期解決をはかるためにも専門家に相談することをおすすめします。

個別労働紛争を扱う主な第三者機関など

労働基準監督署	労働基準法などの監督と取り締まりを行う行政機関
都道府県労働局	労働局長による助言・指導、**あっせん**※を行う行政機関
簡易裁判所	140万円以下の金銭の紛争解決を管轄する機関。60万円以下の場合、少額訴訟手続きにより1回で解決することも可能
地方裁判所	簡易裁判所では扱わない事項について訴訟できる。また**労働審判手続き**（訴訟よりも迅速な解決を目的とした手続き。原則3回以内だが実務上1、2回で対応）も取り扱っている
労働組合	社内の労働組合や、社外の合同労働組合がある。労働者が組合に加入して依頼すると、労働組合が会社へ団体交渉の申出をする
弁護士事務所	労働者の代理となって会社と交渉する

※あっせんは社会保険労務士会や法テラス等でも行っています。

2 労働局のあっせんとは？

個別労働紛争を、無料でスピーディーに解決

事業主と労働者の間で紛争が起こったとき、最終的には**裁判**によって解決することがありますが、裁判となると時間や費用が膨大にかかります。当事者同士だけでは話が平行線になってしまい、なかなか解決できないのであれば、**都道府県労働局**の**紛争調整委員会**による**あっせん**を申請し、**無料でスピーディーな解決**に持っていく方法もあります。

この紛争調整委員会とは、各都道府県労働局に設置されており、弁護士や大学教授、社会保険労務士など労務問題の専門家から組織されています。紛争調整委員が事業主と労働者双方の間に立ち、紛争の解決に向けて話し合いを行います。

紛争調整委員会にあっせんの申請をすると、紛争調整委員から相手方に、あっせんに参加するかどうかの通知がされます。あっせんに参加となると、あっせんの行われる日が設定されて、あっせんが実施されます。当日、当事者同士は別々の部屋に入り、紛争調整委員が中立的な立場で問題解決に向けたあっせん案の提示などをしてくれます。希望すれば**和解書**も作成してくれますので、双方にとって有益な制度といえます。

都道府県労働局によるあっせんの流れ

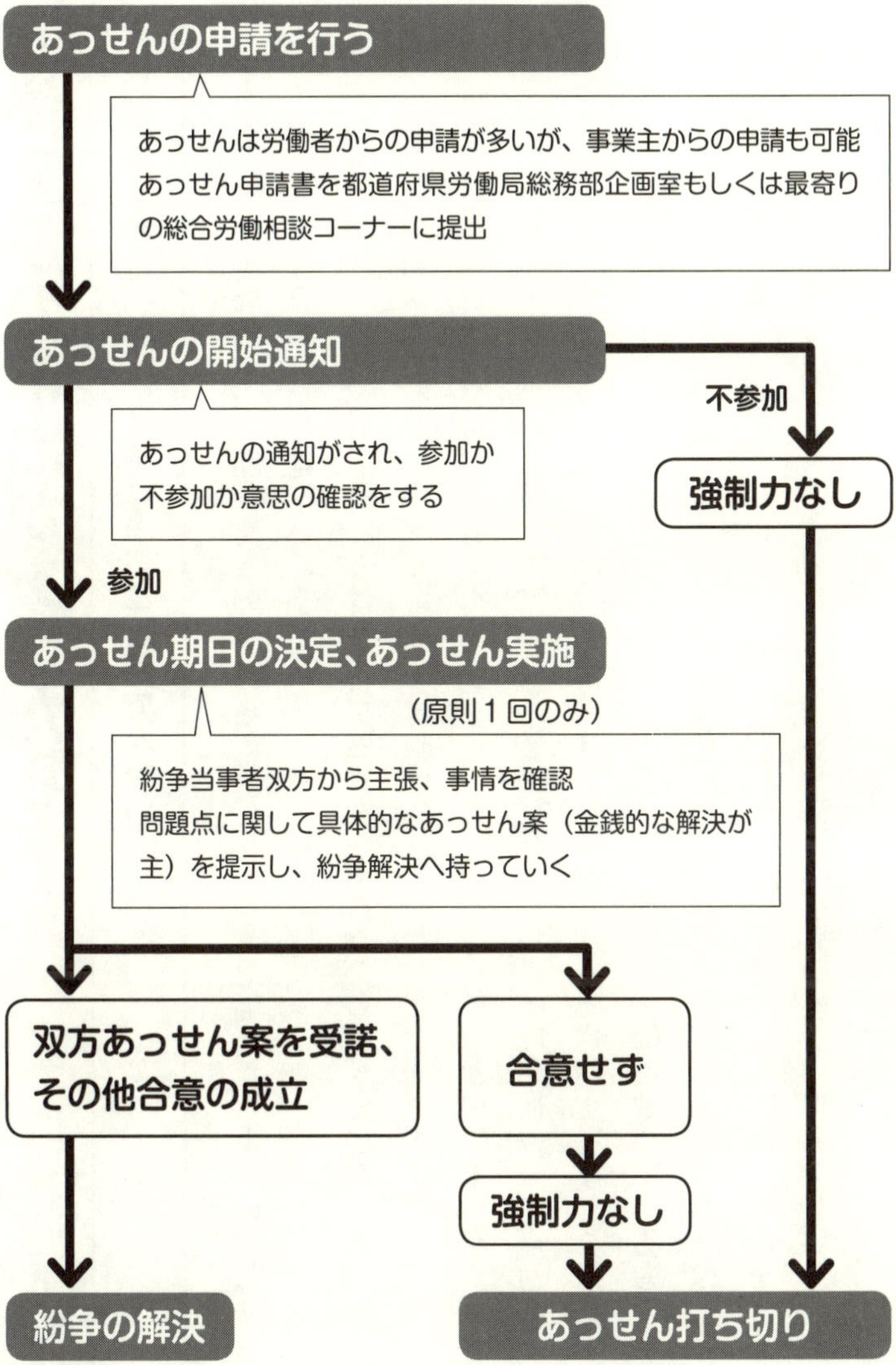
あっせんの申請を行う
あっせんは労働者からの申請が多いが、事業主からの申請も可能
あっせん申請書を都道府県労働局総務部企画室もしくは最寄りの総合労働相談コーナーに提出
あっせんの開始通知
あっせんの通知がされ、参加か不参加か意思の確認をする
不参加
強制力なし
参加
あっせん期日の決定、あっせん実施
(原則1回のみ)
紛争当事者双方から主張、事情を確認
問題点に関して具体的なあっせん案（金銭的な解決が主）を提示し、紛争解決へ持っていく
双方あっせん案を受諾、その他合意の成立
合意せず
強制力なし
紛争の解決
あっせん打ち切り

3 団体交渉の申出があったら？

労働組合からの団体交渉は拒むことができない

ある日突然、労働組合から**団体交渉の申入書**が来たら、どう対応したらよいのでしょうか。ポイントを押さえながら見ていきましょう。

基本的に、団体交渉に応じないことは**不当労働行為**にあたるためできません。ただし、労働組合からの要求に対して、すべて応じなければならないわけではありません。

通常は、労働組合から日時、場所を指定されますが、**従わなくてもかまいません**。日時は事業主側からも都合のよい日時を提案したり、組合側から「場所は会社の一室を利用したい」と申出があった場合は他の労働者への影響もあるので社外の貸会議室などを指定することもあります。また労働組合からの要求に関しては、**内容が法律に則っているものか**を確認しましょう（わからない場合は専門家に相談）。法律的に正しい主張であれば、その部分は受け入れます。もしそれ以外の主張であれば、双方で話し合い、落とし所を考える場合も、拒否をする場合もあります。こじれる前に早めに専門家に相談しましょう。最終的に和解となった場合は、あとでもめないように**和解書**を作成します。

不当労働行為とは？

組合員に対し解雇、
その他不利益な取り扱いをすること

➡ 雇入れ前であっても、労働者が組合員とならないこと、または労働組合を脱退することを雇入れの条件とすることも、不当労働行為に該当する

使用者が正当な理由なく団体交渉を拒否すること

➡ 団体交渉に応じていても、実質的に誠実な対応をしていなければ不当労働行為に該当する

労働組合の運営などに関して支配介入、
経費などの援助をすること

➡ 組合運営に関して使用者側の息がかかってしまうと、本来の組合活動に支障が出てしまうため、組合運営に対して介入したり、金銭の援助を行うことは不当労働行為に該当する

労働者が労働委員会への申し立てなどをしたこと
を理由に解雇、その他不利益な取り扱いをすること

➡ 労働者が労働委員会の調査などに関して証拠を提示したり、発言したことを理由に解雇や配置転換などを行うことも不当労働行為に該当する

4 残業代未払いのトラブル

未払い残業は、原則2年分さかのぼって支払わなければならない

昨今では、**残業代未払いのトラブル**が労働問題の中で一番多く見られます。まず、**役職者の管理監督者性**を否認されたケースです（94ページ参照）。「名ばかり管理職」という言葉があるように、実態として管理監督者とはいえない役職者を、残業代なしで勤務させ、訴訟となる場合があります。あるファストフード店の店長からの訴えで、過去の未払い残業代など合わせて約750万円（うち未払い残業分は約500万円）の支払いを命じられ、話題にもなりました。

その他、残業をしているにもかかわらず残業代を支給しないという、**サービス残業**の問題で訴えられるケースもあります。また勤怠管理で**残業時間を切り捨て**てしまっていたり、残業単価自体を間違っていたために残業代が未払いとなっているケースもあります。

毎日の差額は微々たる金額でも、2年分さかのぼって計算すると、大きな金額になります。固定的な割増手当（96ページ参照）を支給するなど、事前に防衛措置を講じておきましょう。

残業代未払いのトラブル事例

管理監督者であることを否認されたケース

飲食店の店長を管理監督者とみなしていたために残業代を支給していなかった。毎月60時間残業しており、その分を２年分さかのぼり、未払いとして請求された

➡月給40万円を支給していた場合

時間単価	**2,454**円	割増時間単価	**3,068**円
3,068円×60時間×24ヵ月（２年） ＝**4,417,920円**　が請求される！			

日々の勤怠管理で残業時間の切り捨てをしていたケース

始業９時、終業18時の会社で、毎日18：30まで勤務していた労働者がいた。30分だけなので残業をつけずにいたが、その分を２年分さかのぼり、未払いとして請求された

➡月給25万円を支給していた場合

時間単価	**1,534**円	割増時間単価	**1,918**円
30分959円×245日（年間労働日数）×２年 ＝**469,910**円が請求される！ →労働者10名が同じ状況なら、合計500万円近く請求される！			

※１ヵ月平均所定労働時間＝163時間の場合（会社の所定労働日数、所定労働時間により異なる）

※月給はすべて割増賃金の算定の基礎となる賃金とする

5 解雇のトラブル

解雇権の濫用と判断されるリスクを減らす

労働者を簡単に解雇することはできません。解雇する場合はリスクを考えて行いましょう。

労働契約法では、**解雇**は「客観的に合理的な理由を欠き、社会通念上相当であると認められない場合は、その権利を濫用したものとして無効とする」と定められています。実際に労働者が「この解雇は不当だ！」と訴え、**解雇無効**となるケースも多数あります。

解雇無効となった場合、裁判期間の賃金をさかのぼって支払わなければなりませんし、損害賠償も請求され、加えて労働者を再び勤務させなければなりません。ただし、一度解雇を言い渡された労働者が元の職場に復帰した例はあまりなく、結果的に**金銭解決**となり、さらにプラスアルファの**和解金**を労働者へ支払うことになります。その金額も、裁判の期間が長ければ長いほど高額となり、およそ1500万円以上の支払いを求められたケースもあります。解雇する場合は、あとでトラブルにならないように専門家に相談しましょう。

不当解雇と判断されるリスクを下げるポイント

POINT 1 問題が発生したらそのつど適切に対応し、経緯を文章で残す
（文書の記録は争われたときに証拠として大切）

1 労働者の能力不足などによる普通解雇の場合

- ①いきなり解雇にはせずそのつど問題点を本人に示し指導する
- ②改善されなくても何度も根気よく指導を繰り返す
- ③それでも改善されない場合は配置転換を試みるなど会社として誠意を尽くす
- ④就業規則などの懲戒処分の対象となるようなことが起こったら適宜懲戒処分を行う

2 無断欠勤などによる懲戒解雇の場合

- ①行為の程度に応じて懲戒処分を適宜行う
- ②以前処分対象になるようなことがあったにもかかわらず何も処分せず、度重なるからといっていきなり重い処分を行わない
- ③程度によるが、懲戒解雇に該当しなくても普通解雇が可能な場合もある

POINT 2 できるだけ事業主の勧奨による合意退職に持っていく （P.152参照）

辞めてもらいたいと思うには、相当な理由があるはず

- ①労働者と問題をよく話し合って合意退職してもらう
- ②例えば退職金の上乗せなどにより退職勧奨に応じてくれやすくなる場合もある（あとで不当解雇と訴えられると多額の経費がかかるので、ある程度のコストを考慮したほうがよいケースもある）
- ③必ず退職届をもらうようにする

6 過重労働のトラブル

時間外労働は月45時間以内が目安。過重労働が原因の死傷病は損害賠償が発生する

過重労働による病気や死亡となると、会社の責任が問われます。過重労働が死亡の原因となった場合、5000万～1億円以上の支払命令が出たケースもあります。

そもそも、仕事中に急性心筋梗塞で倒れたとしても、通常、業務災害とはなりません。なぜなら、急性心筋梗塞発生は労働者本人の持病や体質によるところも大きいからです。しかし、その発症の原因が過重労働だと判断されると、倒れたのが業務中でなくても会社の責任となります。

そこで、特に気をつけなければならないのは**長時間労働**です。長時間労働をしている労働者に対して何も措置をせず、万が一何かあった場合は事業主も責任が問われるので、労働者の時間管理や健康管理に配慮する必要があります。労働者に**月45時間を超える時間外労働**が見られる場合は、まず時間外労働を月45時間以内に抑えるようにしましょう。また、長時間労働者に対して医師による面談を行うこと、長時間労働を制限したり、配置転換をさせたりするなどの措置も必要です。

脳、心臓疾患が業務に起因していると判断される場合

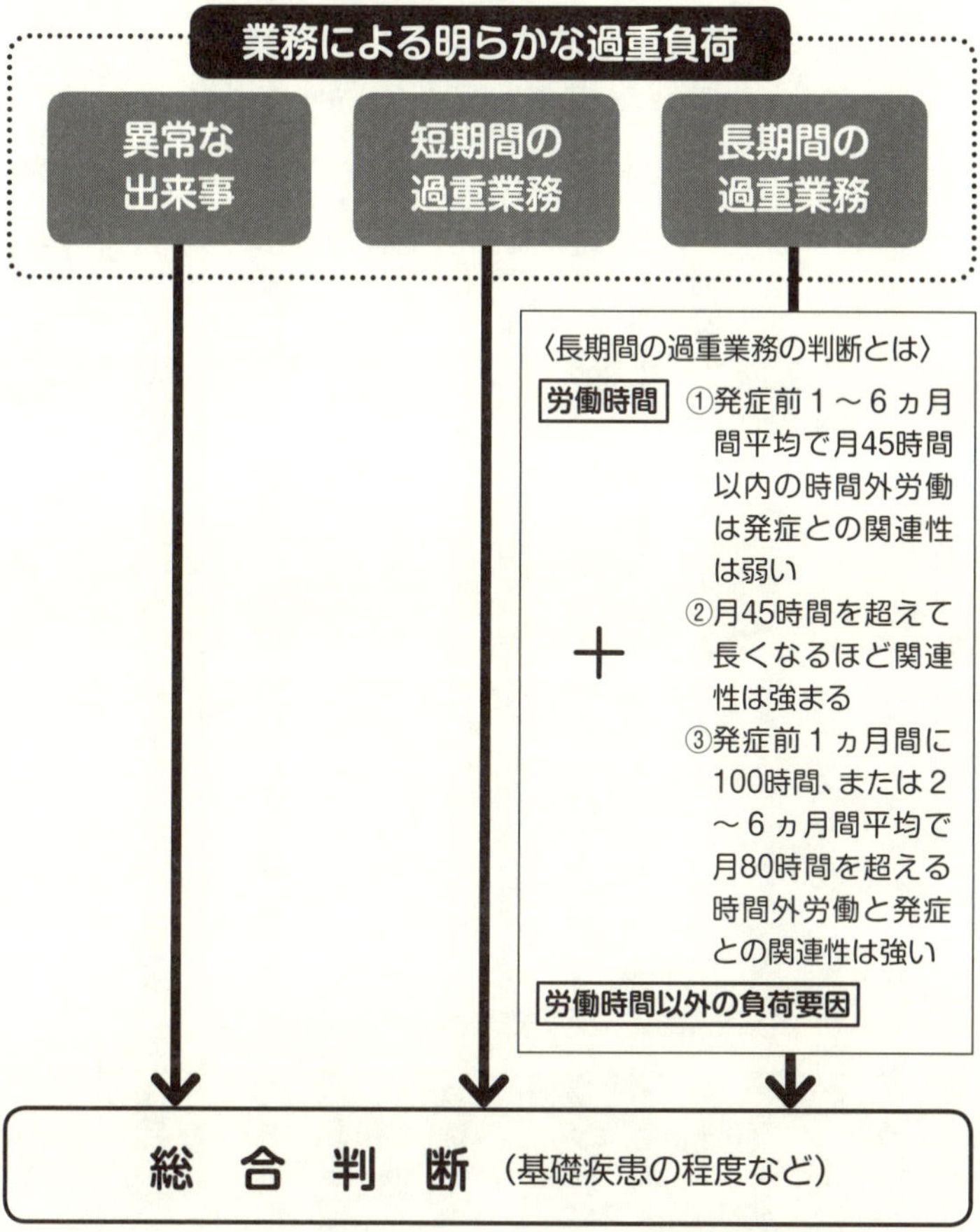
業務による明らかな過重負荷
異常な出来事
短期間の過重業務
長期間の過重業務
〈長期間の過重業務の判断とは〉
労働時間
①発症前１～６ヵ月間平均で月45時間以内の時間外労働は発症との関連性は弱い
②月45時間を超えて長くなるほど関連性は強まる
③発症前１ヵ月間に100時間、または２～６ヵ月間平均で月80時間を超える時間外労働と発症との関連性は強い
＋
労働時間以外の負荷要因
総　合　判　断（基礎疾患の程度など）

参考：厚生労働省『脳、心臓疾患の労災認定』

● 医師による面接指導の義務

月80時間超の時間外、休日労働を行い、疲労の蓄積が認められる労働者が申し出た場合は、医師による面接指導を行わせなければならない。

7 うつ病のトラブル

会社指定の医師の診断を受けさせるなど、慎重な対応が必要

労働者の**うつ病**発症は、最近では**過重労働による業務災害**とみなされる場合があるので注意が必要です。過重労働からうつ病、自殺に至り、会社に1億円以上の支払命令が出されたケースもあります。業務上であるか否かを問わず、労働者がうつ病となった場合、残業時間の短縮や仕事の負担を軽減するなどの配慮をします。また勤務を続けることができるか、それとも**休職**させるかの判断も必要です。本人が「大丈夫」と申し出ただけでは勤務ができるとはいえません。万一のことがあった場合は**安全配慮義務違反**で会社の責任が問われることもあります。会社の指定する専門医の診断や産業医の意見を聴いて、会社が**慎重に判断する**必要があります。うつ病の場合、休職期間に入ると本人と連絡がとれなくなり、会社が本人の状況を把握できないまま休職期間が満了し、その後突然、本人が出社することもあります。会社として復職前に本人が復職できるか判断する必要があるので、休職期間中も必ず本人や家族と連絡がとれるように、休職願に**緊急連絡先**を記載してもらいましょう。

精神障害の労災認定要件

1 認定基準の対象となる精神障害を発病していること

2 認定基準の対象となる精神障害の発病前おおむね6ヵ月の間に、業務による強い心理的負荷が認められること

(a)「特別な出来事」に該当する出来事がある場合（心理的負荷「強」と判断）

➡ 特別な出来事とは

特別な出来事の類型	心理的負荷の総合評価を「強」とするもの
心理的負荷が極度のもの	強姦、わいせつ行為の被害にあう　など
極度の長時間労働	発病直前の１ヵ月におおむね160時間を超えるような時間外労働を行った（これと同程度の時間外労働を行った場合も含む）など

(b)「特別な出来事」に該当する出来事がない場合

※「業務による心理的負荷評価表」（厚生労働省ホームページ「精神障害の労災認定」を参照）により、心理的負荷を「弱、中、強」で評価。「強」であれば強い心理的負荷とされる

➡ 上記の「特別な出来事」以外の具体的出来事

- ノルマが達成できなかった
- 顧客などからのクレームを受けた
- １ヵ月に80時間以上の時間外労働を行った
- 配置転換があった　など

3 業務以外の心理的負荷や個体側要因により発病したとは認められないこと

Column

職場のハラスメントへの対応は?

「うちの会社にセクハラはないし、パワハラを心配していたら部下の指導はできない」という会社がよくあります。また育児中の社員が、「1人だけ早く帰るなんて」などと嫌みや皮肉をいわれる会社もまだあるようです。

こうしたハラスメント(いじめ、嫌がらせ)が起こると会社が管理責任を問われます。被害者が相談に行った第三者機関から連絡が入ったり、加害者とともに損害賠償を請求されたり、あるいは加害者、被害者ともに辞めてしまい、優秀な人材を失うこともあります。

大切なのは、起こる前の予防です。まず社内規程でハラスメントの定義と懲戒内容を定め、相談窓口を設けて全社員に周知します。セクハラ、マタハラ対応のためにも1名は女性の対応者を任命しましょう。そしてハラスメント研修を定期的に全社員に実施します。

それでも問題が起こったら、真剣に対応することです。問題が大きくなるケースは、被害者から「会社に相談しても何もしてくれなかった。気にする私のほうが悪いという態度だったのが許せない」といわれる場合です。

まず、当事者双方の言い分をよく聞きます。該当する事実があれば、加害者に謝らせ、二度と同じことを繰り返さないことを伝え、被害者を安心させます。配置転換や席を離すなどの配慮も考えます。とくに妊娠、出産、育児休業等に関するハラスメント(マタハラ)対策は、平成29年以降、事業主の義務となっています。

索引

〈著者プロフィール〉

吉田秀子（よしだ・ひでこ）

社会保険労務士法人アップル労務管理事務所所長。

特定社会保険労務士、行政書士。

財団法人介護安定センター・雇用管理コンサルタント。

東京・池袋で労務管理事務所を経営。社長1人から東証一部上場会社まで、また個人事業から外資系グローバル企業まで幅広いクライアントを持つ。初めて従業員を雇うときの実務作業から、上場のための労務管理コンサルタントまで幅広い業務をカバー。また就業規則の整備や労働基準監督署の調査、労働組合団体交渉なども多数手がける。雇用管理、労務管理、賃金制度、人事制度などのセミナー講師としても活躍中。

著書に『最新　知りたいことがパッとわかる　社会保険と労働保険の届け出・手続きができる本』（ソーテック社）、『最新　小さな会社の総務・経理の仕事がわかる本』『最新　知りたいことがパッとわかる　契約書式の読み方・つくり方がわかる本』（ともにソーテック社、共著）、『トコトンわかる　株式会社のつくり方』（新星出版社、共著）がある。

これだけは知っておきたい
「労働基準法」の基本と常識［改訂新版］

2019年 9 月 20 日　　初版発行
2021年 5 月 31 日　　2刷発行

著　者　吉田秀子
発行者　太田　宏
発行所　フォレスト出版株式会社
〒162-0864　東京都新宿区揚場町 2-18　白宝ビル 5 F
電話　03-5229-5750（営業）
03-5229-5757（編集）
URL　http://www.forestpub.co.jp

印刷・製本　萩原印刷株式会社

ISBN 978-4-86680-053-0　Printed in Japan